일본어가 쑥쑥 자라는
NEW すくすく日本語 1

개정판 1쇄 인쇄	2012년 5월 14일	
개정판 1쇄 발행	2012년 5월 24일	
개정판 31쇄 발행	2025년 4월 10일	

지은이 | 하영애, 우노 히토미
펴낸이 | 박경실
펴낸곳 | PAGODA Books 파고다북스
출판등록 | 2005년 5월 27일 제 300-2005-90호
주　소 | 06614 서울특별시 서초구 강남대로 419, 19층(서초동, 파고다타워)
전　화 | (02) 6940-4070
팩　스 | (02) 536-0660
홈페이지 | www.pagodabook.com

저작권자 | ⓒ 2012 하영애, 우노 히토미

이 책의 저작권은 저자에게 있습니다. 서면에 의한 저작권자와 출판사의 허락 없이
내용의 일부 혹은 전부를 인용 및 복제하거나 발췌하는 것을 금합니다.

Copyright ⓒ 2012 by Young-ae Ha, Hitomi Uno

All rights reserved. No part of this publication may be reproduced, stored
in a retrieval system, or transmitted, in any form, or by any means, electronic,
mechanical, photocopying, recording or otherwise, without the prior written
permission of the copyright holders and the publisher.

ISBN 978-89-6281-446-0 (18730)

파고다북스	www.pagodabook.com
파고다 어학원	www.pagoda21.com
파고다 인강	www.pagodastar.com
테스트 클리닉	www.testclinic.com

l 낙장 및 파본은 구매처에서 교환해 드립니다.

すくすく 日本語

머리말

　국제화가 진행되는 요즘, 옛날부터 [가깝고도 먼 나라]라고 불렸던 한일 양국의 문화교류도 점점 많아지고, 그 덕분에 가장 가까운 서로의 나라에 대한 관심도 높아져 있습니다.

　다른 문화를 이해하는 데 있어서 가장 큰 장애물이 되는 것은 역시 언어의 벽이라고 생각합니다. 이 언어의 벽을 없애므로 해서 소통이 가능해지고 세계는 크고 넓어지게 됩니다.

　이 책을 손에 든 모든 분들은, 목적이 무엇이든 새롭게 일본어를 시작하려고 생각하고 있는 것이겠지요. 이 책은 그런 여러분에게 이제부터의 공부가 보다 효율적이고 즐거운 것이 되도록 연구하면서 만들어졌습니다.

　[말하기, 듣기, 쓰기, 읽기]의 외국어 습득의 4가지 영역의 능력을 향상시키는 것을 목표로 문법을 체계적으로 습득하고, 단어를 늘려서 일상 생활에 활용할 수 있는 일본어다운, 실용적인 표현을 익히게 하는 것, 그리고 문화적인 요소를 포함시켜서 일본 문화나 일본인의 생활에 흥미를 가지도록 하는 것에 중점을 두었습니다.

　이 책을 통해서 일본어를 할 수 있는 기쁨과 말할 수 있는 즐거움을 느끼게 될 것 입니다. 틀림없이 책 이름처럼 일본어 실력이 [무럭무럭, 쑥쑥] 자라는 것을 느낄 것입니다.

　끝으로 이 책을 출간하는데 지원을 아끼지 않으셨던 박경실 회장님과 pagoda books의 여러분들, 협력해 주셨던 파고다 학원의 일본어과 선생님들, 그리고 응원해 주신 모든 분들에게 감사의 마음을 전합니다.

저자 **하영애, 우노 히토미**

일러두기

학습목표(ポイント)
각 과에서 학습해야 하는 문법의 목표를 한 눈에 쏙 들어보게 정리하였습니다. 학습 후에는 제시된 학습포인트를 스스로 확인하면서 복습할 수 있습니다.

회화본문
각 과에서 습득한 문형을 쉽고 자연스러운 문장으로 회화연습을 할 수 있도록 하였습니다. 이 대화문만 통째로 외우면 일본사람과 바로 대화할 수 있도록 하였습니다.

외워보자
일본사람과 대화할 때에 꼭 필요한 중요한 문형과 문법사항을 예문과 더불어 쉽고 간결하게 정리하였습니다. 또한 예문에 대한 해석이 바로 옆에 되어 있고, 아래에 단어 정리도 되어 있어 바로바로 확인할 수 있도록 하였습니다.

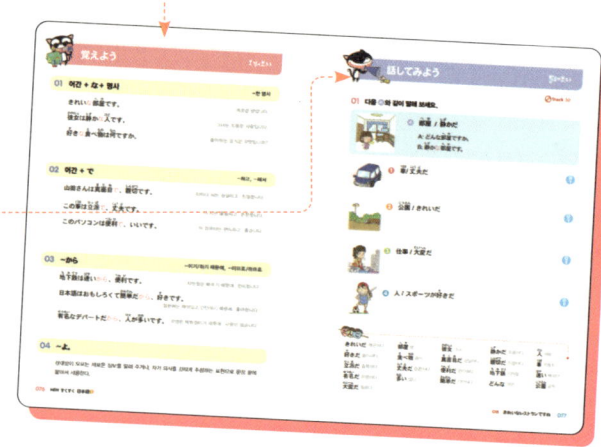

말해보자
학습한 문형에 더욱 다양한 어휘를 넣어서 말해보는 패턴 연습을 통해 중요한 문형과 어휘를 입으로 익힐 수 있도록 하였습니다. 또한 MP3에 수록된 일본사람의 발음을 듣고 따라하면서 실제 일본사람처럼 말할 수 있도록 하였습니다.

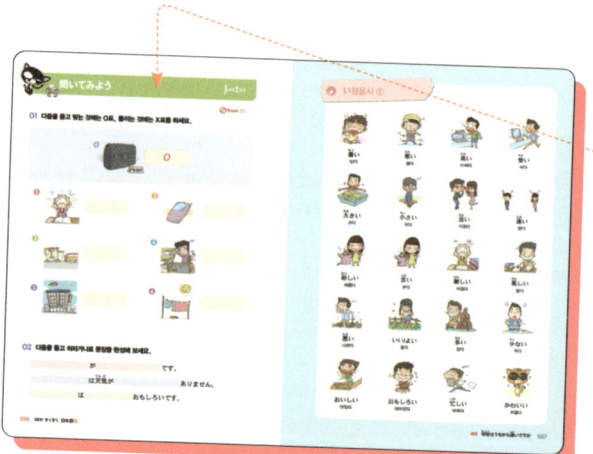

들어보자
상대방의 말이 들려야 대화를 할 수 있습니다. 각 과에서 습득한 문형을 이용한 자연스러운 대화와 문제를 통해 확실하게 귀를 뚫을 수 있습니다.

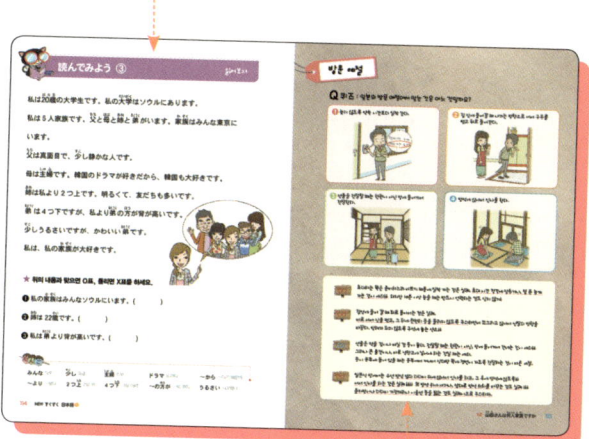

읽어보자
3개의 과 또는 4개의 과에서 배운 문형을 종합한 다양한 형태의 독해 지문을 통해 문장 해석 능력과 문장 이해력을 향상시켜 시험 대비 등을 할 수 있습니다.

일본문화
퀴즈형식으로 일본문화에 대한 진실과 오해(?), 그리고 한국 문화와의 다른 점을 체험할 수 있습니다.

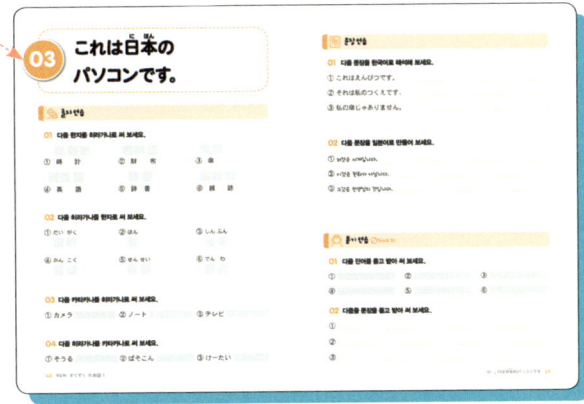

워크북
각 과에서 습득한 단어, 문형 등을 복습할 수 있도록 만들었습니다.
❶ 한자를 히라가나로, 히라가나를 한자로 쓰기
❷ 히라가나를 카타카나로, 카타카나를 히라가나로 쓰기
❸ 일본어 문장을 한국어로 해석하기
❹ 한국어 문장을 일본어로 작문하기
❺ 단어와 문장을 듣고 받아쓰기

이 책을 효과적으로 사용하려면?

먼저 **학습 포인트**로 학습목표를 확인하고,
외워보자로 문형과 문법을 다지고,
말해보자로 입을 떼고,
들어보자로 귀를 뚫고,
회화 본문으로 자연스러운 회화를 습득하고,
워크북으로 각 과에서 배운 내용을 복습하면 됩니다!!!!!

차례

히라가나를 외우자

1. 50음도   2. 청음   3. 탁음   4. 반탁음
5. 요음   6. 발음   7. 촉음   8. 장음

01 はじめまして。 처음 뵙겠습니다.　　　　　　　　　　　　　**20**

1. 인사말 익히기　　　2. ～です。

02 私は大学生です。 저는 대학생입니다.　　　　　　　　　　　**26**

1. 명사 익히기　　　2. ～は～です。
3. ～は ～ですか。　　　4. いいえ、～じゃありません。

03 これは日本のパソコンです。 이것은 일본 컴퓨터입니다.　　**34**

1. 지시어 익히기　　　2. ～は何ですか。
3. ～の　　　4. ～のです。

04 図書館は何時から何時までですか。　　　　　　　　　　　**42**
　　　　　　　　　　　도서관은 몇 시부터 몇 시까지입니까?

1. 숫자 익히기 (0~99)　　　2. 시간, 분 말하기
3. ～から ～まで

05 学校はうちから遠いですか。 학교는 집에서 먼가요?　　**50**

1. い형용사 익히기　　　2. (い형용사) ～です。
3. (い형용사) ～くありません。　　　4. ～が

06 この白いケータイは軽くていいですね。　　　　　　　　　**58**
　　　　　　　　　　　이 하얀 휴대폰은 가볍고 좋네요.

1. い형용사의 명사 수식　　　2. ～くて
3. ～はどうですか。

07 カラオケが好きですか。 노래방을 좋아하나요? **66**

1. な형용사 익히기
2. (な형용사) 〜です。
3. (な형용사) 〜じゃありません。
4. 〜が上手です。

08 きれいなレストランですね。 깨끗한 레스토랑이네요. **74**

1. な형용사의 명사 수식
2. 〜で
3. 〜から

09 東京とソウルとどちらが寒いですか。 **82**
동경과 서울과 어느 쪽이 춥나요?

1. 〜と〜とどちらが〜ですか。
2. (〜より)〜の方が〜です。
3. 〜の中で何が一番〜ですか。
4. 〜が一番〜です。

10 このかばんはいくらですか。 이 가방은 얼마입니까? **90**

1. 큰 수 익히기 (~99999)
2. 금액, 조수사 익히기
3. 〜はいくらですか。
4. ください。

11 この近くに銀行がありますか。 이 근처에 은행이 있나요? **98**

1. 위치 명사 익히기
2. 〜に〜があります。
3. 〜に〜がいます。

12 山田さんは何人家族ですか。 야마다 씨는 몇 명 가족인가요? **106**

1. 가족 명칭 익히기
2. 사람 수, 나이 익히기
3. 何人家族ですか。
4. おいくつですか。
5. 〜はどんな方ですか。

부록　해석 | 정답 및 스크립트
별책 부록　일본어 글씨본 ➕ 워크북 | 귀로 배우는 MP3 CD | 단어장

● 워크북 정답 다운로드 www.pagodabook.com

ひらがな

	あ행	か행	さ행	た행	な행
あ단	あ あり 개미	か かお 얼굴	さ さる 원숭이	た たこ 문어	な なし 배
い단	い いぬ 개	き きく 국화	し しか 사슴	ち ちかてつ 지하철	に にわ 마당
う단	う うえ 위	く くつ 구두	す すいか 수박	つ つき 달	ぬ ぬりえ 색칠그림
え단	え えき 역	け けむり 연기	せ せみ 매미	て てんき 날씨	ね ねこ 고양이
お단	お おに 도깨비	こ こま 팽이	そ そら 하늘	と とけい 시계	の のり 김

は행	ま행	や행	ら행	わ행	
は はさみ 가위	ま まめ 콩	や やかん 주전자	ら らいねん 내년	わ わに 악어	ん きん 금
ひ ひかり 빛	み みみ 귀		り りす 다람쥐		
ふ ふね 배	む むすこ 아들	ゆ ゆめ 꿈	る るす 부재중		
へ へや 방	め めん 국수		れ れんらく 연락		
ほ ほん 책	も もり 숲	よ よる 밤	ろ ろうそく 촛불	を すしをたべる 초밥을 먹다	

カタカナ

	ア행	カ행	サ행	タ행	ナ행
ア단	ア アクセサリー 액세서리	カ カメラ 카메라	サ サイコロ 주사위	タ タクシー 택시	ナ ナイフ 나이프/칼
イ단	イ インク 잉크	キ キリン 기린	シ シーソー 시소	チ チーズ 치즈	ニ ニュース 뉴스
ウ단	ウ ウエハース 웨하스	ク クリスマス 크리스마스	ス スニーカー 운동화	ツ ツリー 트리	ヌ ヌードル 누들/국수
エ단	エ エアコン 에어컨	ケ ケータイ 휴대폰	セ セーター 스웨터	テ テレビ 텔레비전	ネ ネックレス 목걸이
オ단	オ オムライス 오므라이스	コ コーヒー 커피	ソ ソーセージ 소시지	ト トイレ 화장실	ノ ノート 노트

Track 01

ハ행	マ행	ヤ행	ラ행	ワ행	
ハ ハンバーガー 햄버거	マ マフラー 머플러	ヤ タイヤ 타이어	ラ ラジオ 라디오	ワ ワイン 와인	ン パソコン 컴퓨터
ヒ ヒーター 히터	ミ ミルク 밀크/우유		リ リボン 리본		
フ フライパン 후라이팬	ム ゲーム 게임	ユ ユニホーム 유니폼	ル ルーレット 룰렛		
ヘ ヘリコプター 헬리콥터	メ メロン 멜론		レ レポート 리포트		
ホ ホテル 호텔	モ モデル 모델	ヨ ヨーグルト 요구르트	ロ ロケット 로켓	ヲ	

카타카나를 외우자

청음

あ a	い i	う u	え e	お o
あり 개미	いぬ 개	うえ 위	えき 역	おに 도깨비

TIP 「あ・い・う・え・お」는 일본어의 모음이며, 발음은 우리말의 [아・이・우・에・오]와 비슷하다.

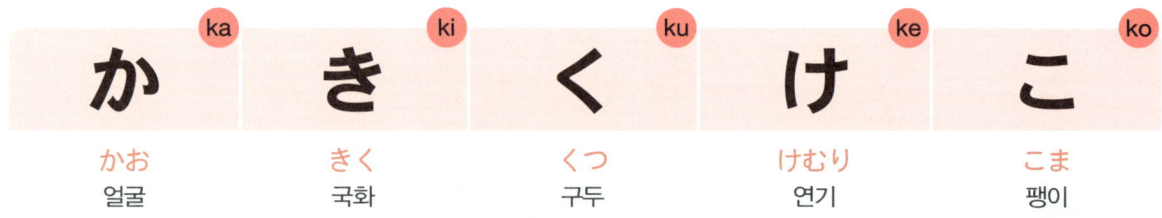

か ka	き ki	く ku	け ke	こ ko
かお 얼굴	きく 국화	くつ 구두	けむり 연기	こま 팽이

TIP 「あ・い・う・え・お」에 [k]를 붙인 발음으로, 단어의 처음에 오면 우리말의 [ㄱ]과 [ㅋ]의 중간음으로 발음되고, 중간이나 끝에 오면 우리말의 [ㄲ]에 비슷하게 발음한다.

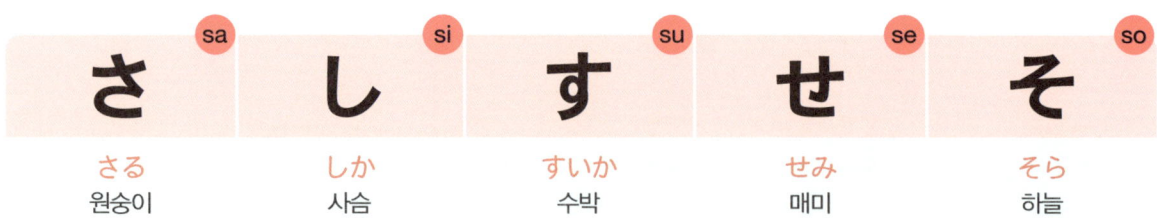

さ sa	し si	す su	せ se	そ so
さる 원숭이	しか 사슴	すいか 수박	せみ 매미	そら 하늘

TIP 「あ・い・う・え・お」에 [s]를 붙인 발음으로, 우리말의 [사・시・스・세・소]와 비슷하다. 「す」는 우리말의 [수]와 [스]의 중간 발음이지만 [스]에 가까운 발음이다.

ひらがなを覚えよう

た ta	ち chi	つ tsu	て te	と to
たこ 문어	ちかてつ 지하철	つき 달	てんき 날씨	とけい 시계

TIP 「た행」발음은 「あ・え・お」에 [t]를 붙여서 우리말의 [타・테・토]와 비슷한 발음의 「た・て・と」와, 우리말의 [치]에 가까운 발음인 「ち」, 우리말의 [츠]에 가까운 발음인 「つ」로 나뉜다. 처음에 나올 때는 우리말의 [ㅌ,ㅊ]에 가까운 발음이지만, 중간이나 끝에 오면 된소리로 변하여 우리말의 [ㄸ,ㅉ]와 비슷하게 발음한다.

な na	に ni	ぬ nu	ね ne	の no
なし 배	にわ 마당	ぬりえ 색칠그림	ねこ 고양이	のり 김

TIP 「あ・い・う・え・お」에 [n]을 붙인 발음으로 우리말의 [나・니・누・네・노]와 비슷하다. 「ぬ」는 우리말의 [누]와 [느]의 중간 발음이다.

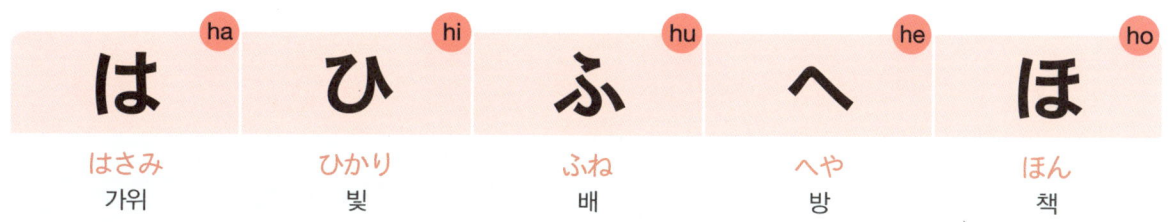

は ha	ひ hi	ふ hu	へ he	ほ ho
はさみ 가위	ひかり 빛	ふね 배	へや 방	ほん 책

TIP 「あ・い・う・え・お」에 [h]를 붙인 발음으로 우리말의 [하・히・후・헤・호]와 비슷하다.

히라가나를 외우자 | **013**

청음 🎵 Track 02　　　　　　　　ひらがなを覚えよう

ま ma	み mi	む mu	め me	も mo
まめ 콩	みみ 귀	むすこ 아들	めん 국수	もり 숲

TIP 「あ・い・う・え・お」에 [m]을 붙인 발음으로 우리말의 [마・미・무・메・모]와 비슷하다.

や ya	い i	ゆ yu	え e	よ yo
やかん 주전자		ゆめ 꿈		よる 밤

TIP 「や・ゆ・よ」는 일본어의 반모음이며, 발음은 우리말의 [야・유・요]와 비슷하다.

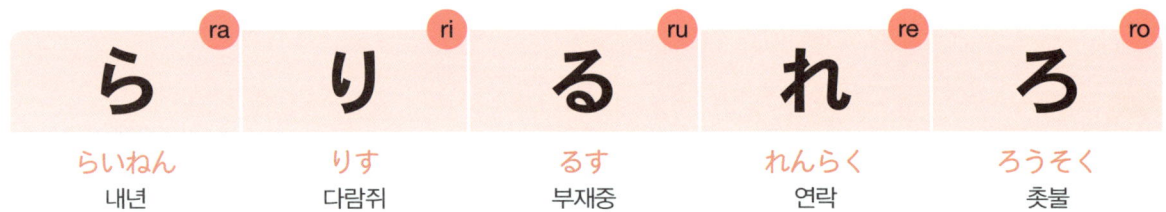

ら ra	り ri	る ru	れ re	ろ ro
らいねん 내년	りす 다람쥐	るす 부재중	れんらく 연락	ろうそく 촛불

TIP 「あ・い・う・え・お」에 [r]을 붙인 발음으로, 우리말의 [라・리・루・레・로]와 비슷하다.

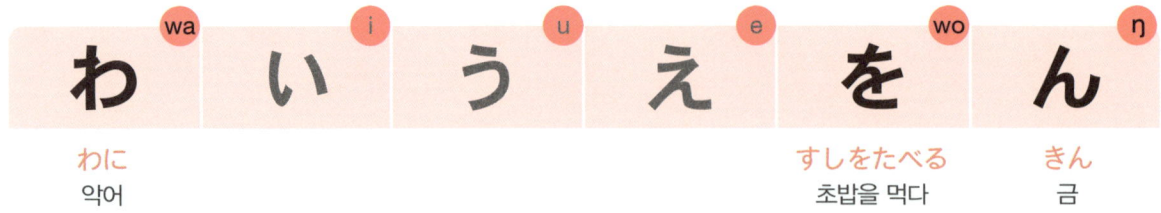

わ wa	い i	う u	え e	を wo	ん ŋ
わに 악어				すしをたべる 초밥을 먹다	きん 금

TIP 「わ」는 일본어의 반모음이며, 발음은 우리말의 [와]와 같다.
「を」는 [~을/를]이라는 의미의 조사로만 사용되며, 발음은 [お]와 같다.
「ん」은 우리말의 받침 역할을 한다.

탁음, 반탁음

ひらがなを覚えよう

탁음

が ga	ぎ gi	ぐ gu	げ ge	ご go
がいこく 외국	ぎんこう 은행	ぐんじん 군인	げた 일본 나막신	ごはん 밥

TIP [が행]의 발음은 영어의 [g]와 같은 발음으로, 우리말의 [ㄱ]과는 다른 발음이므로 주의한다.

ざ za	じ zi	ず zu	ぜ ze	ぞ zo
ざりがに 가재	じしん 지진	ずつう 두통	ぜんこく 전국	ぞう 코끼리

TIP [ざ행]의 발음은 우리말에 없는 발음이므로 주의한다. 영어의 [z] 발음과 같다.

だ da	ぢ zi	づ zu	で de	ど do
だいこん 무	はなぢ 코피	てづくり 만든 것	でぐち 출구	どろぼう 도둑

TIP [だ행]의 [だ] [で] [ど]의 발음은 영어의 [d]와 같은 발음이다. [ぢ] [づ]는 [じ] [ず]와 발음이 같다.

ば ba	び bi	ぶ bu	べ be	ぼ bo
ばら 장미	びじん 미인	ぶどう 포도	べんとう 도시락	ぼく 나

TIP [ば행]의 발음은 영어의 [b] 발음과 같다.

반탁음

ぱ pa	ぴ pi	ぷ pu	ぺ pe	ぽ po
ぱくぱく 덥석덥석	ぴかぴか 번쩍번쩍	ぷんぷん 몹시 화 난 모습	ぺこぺこ 몹시 배고픈 모습	ぽかぽか 따끈따끈

TIP [ぱ행]의 발음은 단어의 처음에 올 때는 영어의 [p] 발음에 가까운 발음이고, 단어의 중간이나 뒤에 올 때는 우리말의 [ㅃ]에 가까운 발음이다.

히라가나를 외우자 | 015

요음

ひらがなを覚えよう

[い단]글자에 [や행]의 세 글자 [や] [ゆ] [よ]의 작은 글자를 결합시켜서 만든 글자를 요음이라고 한다. 글자는 두 개이지만, 한 박자의 음으로 발음한다.

kya きゃ	kyu きゅ	kyo きょ

きゃく 손님
きょうだい 형제
きゅうり 오이

rya りゃ	ryu りゅ	ryo りょ

りゃくじ 약자
りょうり 요리
りゅうこう 유행

sya しゃ	syu しゅ	syo しょ

しゃしん 사진
しょうせつ 소설
しゅみ 취미

gya ぎゃ	gyu ぎゅ	gyo ぎょ

ぎゃく 거꾸로 임
ぎょうじ 행사
ぎゅうにゅう 우유

cha ちゃ	chu ちゅ	cho ちょ

ちゃくりく 착륙
ちょうしょく 아침식사, 조식
ちゅうごく 중국

ja じゃ	ju じゅ	jo じょ

じゃがいも 감자
じょし 조사
じゅうしょ 주소

nya にゃ	nyu にゅ	nyo にょ

にゃあにゃあ 야옹야옹
にょうぼう 처
にゅうし 입시

bya びゃ	byu びゅ	byo びょ

びゃくや 백야
びょうき 병
びゅんびゅん 자동차 등이 빠르게 지나는 모양

hya ひゃ	hyu ひゅ	hyo ひょ

ひゃく 백
ひょうか 평가
ひゅうひゅう 바람이 심하게 부는 모습

pya ぴゃ	pyu ぴゅ	pyo ぴょ

はっぴゃく 팔백
ぴょんぴょん 깡총깡총

mya みゃ	myu みゅ	myo みょ

みゃく 맥
みょうじ 성

발음

ひらがなを覚えよう

ん

[ん]은 우리말의 받침과 같은 역할을 한다.
뒤에 오는 글자에 따라서 네 가지 (ㄴ, ㅇ, ㅁ, ㄴ과 ㅇ의 중간음)으로 발음되며, 다른 글자와 마찬가지로 한 박자로 발음한다.

1 [ま] [ば] [ぱ]행의 앞에서는 [m]으로 발음한다.

うんめい 운명　　こんぶ 다시마　　えんぴつ 연필
ぶんぽう 문법

2 [さ] [ざ] [た] [だ] [な] [ら]행의 앞에서는 [n]으로 발음한다.

せんせい 선생님　　かんじ 한자　　はんたい 반대
ほんだな 책장　　あんない 안내　　べんり 편리

3 [か] [が] 행의 앞에서는 [ŋ]으로 발음한다.

ぶんか 문화　　おんがく 음악　　にんき 인기
にんげん 인간　　りんご 사과

4 단어의 끝에 오거나, [あ] [は] [や] [わ] 행의 앞에서는 [ŋ]과 [n]의 중간발음으로 [N]이 된다.

にほん 일본　　れんあい 연애　　しんや 심야
でんわ 전화

촉음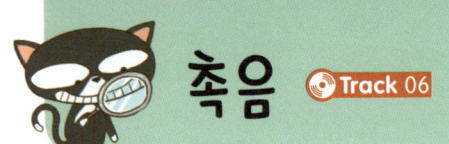

ひらがなを覚えよう

つ 작은 [っ]는 다른 글자의 오른쪽 아래에 붙여서 우리말의 받침(ㄱ, ㅅ, ㄷ, ㅂ등)과 같은 역할을 하는데 뒤에 오는 글자에 따라서 발음이 달라진다. 다른 글자와 마찬가지로 한 박자로 발음한다.

1 [か]행의 앞에서는 [k]로 발음한다.

ぶっか 물가　　　にっき 일기　　　びっくり 깜짝 놀람
せっけん 비누　　がっこう 학교

2 [さ]행의 앞에서는 [s]로 발음한다.

いっさい 일체　　ざっし 잡지　　　せっすい 물 절약
けっせき 결석　　さっそく 당장

3 [た]행의 앞에서는 [t]로 발음한다.

はったつ 발달　　がっちり 다부진 모습　　やっつ 여덟
あさって 내일 모레　おっと 남편

4 [ぱ] 행의 앞에서는 [p]로 발음한다.

さっぱり 개운한 모습　いっぴん 일품　　しっぷ 찜질
ほっぺ 볼　　　からっぽ 속이 텅 빈 모습

장음

ひらがなを覚えよう

같은 모음이 뒤에 올 때는 뒤의 글자의 발음은 생략되고 앞에 오는 글자를 길게 발음한다.
다른 글자와 마찬가지로 한 박자로 발음한다.

1 [あ]단 글자 뒤에 [あ]가 오면 장음으로 발음한다.

おかあさん 어머니   おばあさん 할머니   まあまあ 그럭저럭

2 [い]단 글자 뒤에 [い]가 오면 장음으로 발음한다.

おにいさん 형, 오빠   おじいさん 할아버지   きいろ 노랑

3 [う]단 글자 뒤에 [う]가 오면 장음으로 발음한다.

くうき 공기   ふうふ 부부   すうがく 수학

4 [え]단 글자 뒤에 [え] 또는 [い]가 오면 장음으로 발음한다.

おねえさん 누나, 언니   えいご 영어   がくせい 학생

5 [お]단 글자 뒤에 [お] 또는 [う]가 오면 장음으로 발음한다.

こおり 얼음   おとうさん 아버지   こうえん 공원

01

はじめまして。

처음 뵙겠습니다.

ポイント

① 인사말 익히기

② はじめまして、キムです。

はじめまして 처음 뵙겠습니다
~です ~입니다
どうぞよろしくお願(ねが)いします 아무쪼록 잘 부탁드립니다

キム 한국사람의 성
山田(やまだ) 일본사람의 성
こちらこそ 저야말로

キム： はじめまして、キムです。

山田（やまだ）： はじめまして、山田（やまだ）です。
　　　　どうぞよろしくお願（ねが）いします。

キム： こちらこそ、どうぞよろしくお願（ねが）いします。

覚えよう

아침인사
おはようございます。 안녕하세요.

おはようございます。 안녕하세요.

점심인사
こんにちは。
안녕하세요.

こんにちは。
안녕하세요.

저녁 인사

こんばんは。
안녕하세요.

こんばんは。
안녕하세요.

헤어질때인사
さよ(う)なら。
안녕히 가세요./안녕히 계세요.

さよ(う)なら。
안녕히 가세요./
안녕히 계세요.

> **TIP** 「さよ(う)なら」는 학교나 학원에서 헤어질 때, 또는 오랫동안 만나지 못할 때에 사용한다.
> 「じゃあ、また」는 일반적으로 헤어질 때 사용한다. 「じゃあね」, 「またね」는 친구 사이에 사용한다.

감사
どうも、ありがとうございます。
대단히 감사합니다.

いいえ、
どういたしまして。
아니오, 천만에요.

사과
すみません。
죄송합니다.

いいえ、だいじょうぶです。
아니오, 괜찮습니다.

> **TIP** 「すみません」과 「ごめんなさい」는 모두 "미안합니다"라는 의미로 사용되지만, 「すみません」 쪽이 조금 더 정중한 느낌이다. 또한 친구들에게 "미안해" 라고 할때는 「ごめん」이라고 사용한다.

외워보자

소개

はじめまして。
どうぞよろしくお願(ねが)いします。
처음 뵙겠습니다. 아무쪼록 잘 부탁합니다.

こちらこそ、
どうぞよろしく
お願(ねが)いします。
저야말로 잘 부탁합니다.

안부

お元気(げんき)ですか。
잘 지내세요?

はい、おかげさまで。
예, 덕분에요.

외출

いってきます。
다녀오겠습니다.

いってらっしゃい。
잘 다녀오세요.

귀가

ただいま。
다녀왔습니다.

お帰(かえ)りなさい。
어서 돌아오세요.

권유

どうぞ。
어서 들어가세요.

ありがとうございます。
감사합니다.

식사

いただきます。
잘 먹겠습니다.

ごちそうさまでした。
잘 먹었습니다.

TIP 「どうぞ」는 「어서 ~하세요」라는 의미로 상대방에게 어떤 일을 권할 때 사용하는 말이다. 동사를 몰라도 손 동작을 이용해서 다양한 표현을 할 수 있는 아주 유용한 표현이므로 꼭 알아두자.

話してみよう

말해보자

🎵 Track 09

01 다음 예 와 같이 말해 보세요.

예

A: こんにちは。

B: こんにちは。

❶
A: すみません。

B: ＿＿＿＿＿＿

❷

A: どうも、ありがとう ございます。

B: ＿＿＿＿＿＿

❸

A: いってきます。

B: ＿＿＿＿＿＿

❹

A: お元気(げんき)ですか。

B: ＿＿＿＿＿＿

❺

A: ただいま。

B: ＿＿＿＿＿＿

02 다음 밑줄 친 부분에 자신의 이름을 넣어서 말해 보세요.

🅐 : はじめまして。＿＿＿＿＿＿＿＿＿です。

　　どうぞよろしくお願(ねが)いします。

🅑 : こちらこそ、どうぞよろしくお願(ねが)いします。

聞いてみよう 들어보자

🎵 Track 10

01 다음을 듣고 맞는 것에는 O표, 틀리는 것에는 X표를 하세요.

02 다음을 듣고 히라가나로 문장을 완성해 보세요.

❶ _____、山田です。

❷ どうも、_____。

❸ _____、どうぞよろしくお願いします。

02

私は大学生です。

저는 대학생입니다.

ポイント

① 명사 익히기

② 私は会社員です。

③ 木村さんは銀行員ですか。

④ いいえ、銀行員じゃ(では)ありません。

~さん ~씨
~の ~의
何ですか 무엇입니까?
こんにちは 안녕하세요
お仕事 직업
会社員 회사원
~は ~은/~는
~も ~도
大学生 대학생

山田: キムさん、こんにちは。

キム: こんにちは。

山田: キムさんのお仕事は何ですか。

キム: 会社員です。
山田さんも会社員ですか。

山田: いいえ、会社員じゃありません。大学生です。

覚えよう

01 인칭대명사

1인칭	私(わたし)	저, 나
2인칭	あなた	당신, 너
3인칭	彼(かれ) / 彼女(かのじょ)	그 / 그녀
부정칭	誰(だれ) / どなた	누구 / 어느 분

TIP 상대방의 이름을 모를 때는 [あなた]를 사용하는 경우도 있지만, 손윗사람에게 사용하면 실례가 되므로 주의한다.

02 ~さん   -씨

鈴木(すずき)さんは先生(せんせい)です。   스즈끼 씨는 선생님입니다.

木村(きむら)さんは日本人(にほんじん)です。   기무라 씨는 일본인입니다.

03 ~は ~です。   -은/는 -입니다

私(わたし)は会社員(かいしゃいん)です。   나는 회사원입니다.

彼女(かのじょ)は韓国人(かんこくじん)です。   그녀는 한국인입니다.

鈴木(すずき) 일본사람의 성	先生(せんせい) 선생님	木村(きむら) 일본사람의 성	日本人(にほんじん) 일본인
会社員(かいしゃいん) 회사원	彼女(かのじょ) 그녀	韓国人(かんこくじん) 한국인	中村(なかむら) 일본사람의 성
銀行員(ぎんこういん) 은행원	山田(やまだ) 일본사람의 성	田中(たなか) 일본사람의 성	学生(がくせい) 학생
彼(かれ) 그	中国人(ちゅうごくじん) 중국인		

오워보자

04 ~は ~ですか。 　　　　　　　　　　　　　　　　　　　　　　　　　　　　 -은/는 -입니까?

中村(なかむら)さんは銀行員(ぎんこういん)ですか。　　　　　　　　　나까무라 씨는 은행원입니까?

あなたは山田(やまだ)さんですか。　　　　　　　　　　　　　　　　당신은 야마다 씨입니까?

TIP 일본어에서는 문장의 끝에 [か]가 오는 의문문에 물음표(?)를 넣지 않는다.

05 はい、~です。 　　　　　　　　　　　　　　　　　　　　　　　　　　　　 예, -입니다

はい、銀行員(ぎんこういん)です。　　　　　　　　　　　　　　　　예, 은행원입니다.

はい、山田(やまだ)です。　　　　　　　　　　　　　　　　　　　　예, 야마다입니다.

06 いいえ、~じゃ(では)ありません。 　　　　　　　　　　　　　　 아니오, -이/가 아닙니다

いいえ、銀行員(ぎんこういん)じゃ(では)ありません。　　　　　　　　아니오, 은행원이 아닙니다.

いいえ、山田(やまだ)じゃ(では)ありません。　　　　　　　　　　　　아니오, 야마다가 아닙니다.
鈴木(すずき)です。　　　　　　　　　　　　　　　　　　　　　　　스즈끼입니다.

TIP [では]와 [じゃ]는 같은 의미이지만, [では] 쪽이 조금 더 정중한 느낌으로 사용된다. 회화에서는 [じゃ] 쪽을 많이 사용한다.

07 ~も ~です。 　　　　　　　　　　　　　　　　　　　　　　　　　　　　 -도 -입니다

田中(たなか)さんも学生(がくせい)です。　　　　　　　　　　　　　　다나까 씨도 학생입니다.

彼(かれ)も中国人(ちゅうごくじん)です。　　　　　　　　　　　　　　그도 중국인입니다.

# 話してみよう

01 다음 예와 같이 밑줄 친 부분을 바꾸어서 말해 보세요.

がくせい
学生

예 A: 学生?
B: うん、学生。
ううん、学生じゃない。

예문해석
A: 학생이니?
B: 응, 학생이야.
　아니, 학생 아니야.

예 A: 学生ですか。
B: はい、学生です。
いいえ、学生じゃないです。
いいえ、学生じゃありません。

예문해석
A: 학생입니까?
B: 예, 학생입니다.
　아니오, 학생이 아닙니다.
　아니오, 학생이 아닙니다.

❶
かいしゃいん
会社員

❷
かしゅ
歌手

❸
かんこくじん
韓国人

❹
ちゅうごくじん
中国人

보통형

명사 ➕ **だ**　　-이다

명사 ➕ **じゃ(では)ない**　-이/가 아니다

정중형

명사 ➕ **です**　　-입니다

명사 ➕ **じゃ(では)ないです**
명사 ➕ **じゃ(では)ありません**　-이/가 아닙니다

02 다음 예 와 같이 말해 보세요.

예 あなた / 会社員 / 銀行員
A: あなたは会社員ですか。
B: はい、会社員です。
　　いいえ、会社員じゃありません。銀行員です。

❶ 田中さん / 大学生 / 高校生

❷ 鈴木さん / 医者 / 会社員

❸ あなた / 中国人 / 日本人

❹ あなた / フランス人 / ドイツ人

学生 학생　　会社員 회사원　　歌手 가수　　韓国人 한국인
中国人 중국인　　あなた 당신/너　　銀行員 은행원　　大学生 대학생
高校生 고등학생　　医者 의사　　日本人 일본인　　フランス人 프랑스인
ドイツ人 독일인

聞いてみよう

들어보자

 Track 13

01 다음을 듣고 맞는 그림을 찾아 번호를 넣어 보세요.

예 佐藤さん　❶ 木村さん　❷ 田中さん　❸ キムさん　❹ 中村さん

b

 ⓐ　　 ⓑ　　 ⓒ

 ⓓ　　 ⓔ　　 ⓕ

02 다음을 듣고 히라가나로 문장을 완성해 보세요.

❶ 彼は _____ です。

❷ あなたは _____ ですか。

❸ _____ は韓国人 _____ 。

お仕事は何ですか。

かいしゃいん
会社員
회사원

ぎんこういん
銀行員
은행원

いしゃ
医者
의사

かんごし
看護師
간호사

こうむいん
公務員
공무원

きょうじゅ
教授
교수

だいがくせい
大学生
대학생

こうこうせい
高校生
고등학생

しゅふ
主婦
주부

デザイナー
디자이너

エンジニア
엔지니어

フリーター
아르바이트로 생활을 하는 사람

お国はどこですか。

かんこく じん
韓国(人)
한국(인)

ちゅうごく じん
中国(人)
중국(인)

にほん じん
日本(人)
일본(인)

タイ(じん)
タイ(人)
태국(인)

アメリカ(じん)
アメリカ(人)
미국(인)

イギリス(じん)
イギリス(人)
영국(인)

ドイツ(じん)
ドイツ(人)
독일(인)

ロシア(じん)
ロシア(人)
러시아(인)

TIP 각 나라이름에 [人]을 붙이면 그 나라 사람을 나타내고, [語]를 붙이면 그 나라의 언어를 나타낼 수 있다. 단, [アメリカ]와 [イギリス]에는 [英語]를 사용한다.

03 これは日本(にほん)のパソコンです。

이것은 일본 컴퓨터입니다.

ポイント

1. 지시어 익히기
2. これは何(なん)ですか。
3. 日本(にほん)のパソコンです。
4. 私(わたし)のです。

それ 그것 　　　　〜は 〜은/는
何(なん)ですか 무엇입니까?　　これ 이것　　　　パソコン 컴퓨터
〜の 〜의/〜의 것　　私(わたし) 저/나　　韓国(かんこく) 한국　　日本(にほん) 일본

山田: キムさん、それは何ですか。

キム: これはパソコンです。

山田: キムさんのパソコンですか。

キム: はい、私のです。

山田: 韓国のパソコンですか。

キム: いいえ、韓国のパソコンじゃありません。日本のパソコンです。

覚えよう

01 지시어

これ	それ	あれ	どれ
이것	그것	저것	어느 것

02 ～は 何ですか。　　　　　　　　　　-은/는 무엇입니까?

これは何ですか。　　　　　　　　　　　이것은 무엇입니까?
　　それは新聞です。　　　　　　　　　　그것은 신문입니다.

それは何ですか。　　　　　　　　　　　그것은 무엇입니까?
　　これはえんぴつです。　　　　　　　　이것은 연필입니다.

あれは何ですか。　　　　　　　　　　　저것은 무엇입니까?
　　あれは時計です。　　　　　　　　　　저것은 시계입니다.

03 ～は ～です。　　　　　　　　　　　-은/는 -입니다

これは傘です。　　　　　　　　　　　　이것은 우산입니다.

あれはいすです。　　　　　　　　　　저것은 의자입니다.

だんご

新聞 신문	えんぴつ 연필	時計 시계	傘 우산
いす 의자	財布 지갑	電話 전화	日本 일본
英語 영어	本 책	つくえ 책상	ケータイ 휴대폰
先生 선생님	ソウル 서울	大学 대학	

04 ~は ~ですか。 〜은/는 −입니까?

これは財布ですか。 이것은 지갑입니까?

それは電話ですか。 그것은 전화입니까?

05 はい、~です。 예, −입니다

はい、(それは) 財布です。 예, (그것은) 지갑입니다.

はい、(これは) 電話です。 예, (이것은) 전화입니다.

06 いいえ、~じゃ(では)ありません。 아니오, −이/가 아닙니다

いいえ、(それは) 財布じゃ(では)ありません。 아니오, (그것은) 지갑이 아닙니다.

いいえ、(これは) 電話じゃ(では)ありません。時計です。 아니오, (이것은) 전화가 아닙니다. 시계입니다.

07 ~の ❶ 명사수식 ❷ ~의 ❸ ~의 것

❶ これは日本の新聞です。 이것은 일본 신문입니다.
  それは英語の本です。 그것은 영어 책입니다.

❷ それは私のつくえです。 그것은 나의 책상입니다.
  あれは田中さんのケータイです。 저것은 다나까 씨의 휴대폰입니다.

❸ あれは鈴木さんのです。 저것은 스즈끼 씨의 것입니다.
  これは先生のです。 이것은 선생님의 것입니다.

> **TIP** 일본어에서는 명사와 명사 사이에는 반드시 [の]를 넣는데, 고유 명사의 경우는 넣지 않는다.
> 예) ソウルの大学 (서울에 있는 대학) / ソウル大学 (서울 대학)

話してみよう

01 다음 ❸와 같이 말해 보세요.

> ❸ これ / 財布 / かばん
>
> A: これは財布ですか。
> B: はい、(それは) 財布です。
>   いいえ、(それは) 財布じゃありません。 かばんです。

❶ これ / 電話 / 時計

❷ それ / 本 / 辞書

❸ それ / ケータイ / カメラ

❹ あれ / 新聞 / 雑誌

これ 이것	財布 지갑	かばん 가방	電話 전화
時計 시계	それ 그것	本 책	辞書 사전
ケータイ 휴대폰	カメラ 카메라	あれ 저것	新聞 신문
雑誌 잡지			

말해보자

Track 15

02 다음 예 와 같이 말해 보세요.

예 これ / 傘 / 先生

A: これは何ですか。　　B: それは傘です。
A: あなたの傘ですか。　B: いいえ、私の傘じゃありません。
　　　　　　　　　　　　先生のです。

❶ これ / くつ / キムさん

❷ それ / パソコン / イさん

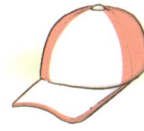
❸ それ / ぼうし / 佐藤さん

❹ あれ / めがね / 鈴木さん

傘 우산　　　　　　先生 선생님　　　　　何ですか 무엇입니까?　　くつ 구두/신발
パソコン 컴퓨터　　イ 한국사람의 성　　ぼうし 모자　　　　　　佐藤 일본사람의 성
めがね 안경　　　　鈴木 일본사람의 성

03 これは日本のパソコンです

聞いてみよう 들어보자

Track 16

01 다음을 듣고 맞는 그림을 찾아 번호를 넣어 보세요.

예 d　❶　❷　❸　❹

- ⓐ 田中さん（たなか）
- ⓑ 中村さん（なかむら）
- ⓒ 先生（せんせい）
- ⓓ 私（わたし）
- ⓔ 鈴木さん（すずき）
- ⓕ 木村さん（きむら）

02 다음을 듣고 히라가나로 문장을 완성해 보세요.

❶ これは ＿＿＿＿＿＿＿＿＿ です。

❷ それは 日本（にほん）＿＿＿＿＿＿＿＿＿ ですか。

❸ あれは ＿＿＿＿＿＿＿＿＿ じゃありません。

명사

ほん
本
책

じしょ
辞書
사전

ざっし
雑誌
잡지

しんぶん
新聞
신문

さいふ
財布
지갑

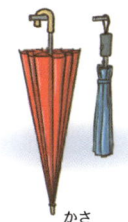
かさ
傘
우산

とけい
時計
시계

でんわ
電話
전화

えんぴつ
연필

つくえ
책상

いす
의자

かばん
가방

くつ
구두/신발

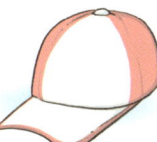
ぼうし
모자

めがね
안경

ケータイ
휴대폰

カメラ
카메라

ノート
노트

テレビ
텔레비전

パソコン
컴퓨터

03 これは日本のパソコンです

図書館は何時から何時までですか。

とうしょかん なんじ なんじ

도서관은 몇 시부터 몇 시까지입니까?

ポイント

① <u>숫자</u> 익히기 (0〜99)

② <u>시간, 분</u> 말하기

③ 会社は何時から何時までですか。
   かいしゃ なんじ なんじ

④ 東京からソウルまでです。
   とうきょう

今 지금	何時 몇 시	半 반
図書館 도서관	〜から 〜부터/〜에서	〜まで 〜까지
午前 오전	午後 오후	ここ 여기	何分 몇 분

山田: キムさん、今、何時ですか。

キム: 4時半です。

山田: 図書館は何時から何時までですか。

キム: 午前9時から午後10時までです。

山田: ここから図書館まで何分ですか。

キム: 15分です。

覚えよう

01 숫자 읽기

0	ゼロ / れい			
1	いち		10	じゅう
2	に		20	にじゅう
3	さん		30	さんじゅう
4	よん / し		40	よんじゅう
5	ご		50	ごじゅう
6	ろく		60	ろくじゅう
7	なな / しち		70	ななじゅう
8	はち		80	はちじゅう
9	きゅう / く		90	きゅうじゅう

02 何時ですか。　　　　몇 시입니까?

1時	いちじ	2時	にじ	3時	さんじ
4時	よじ	5時	ごじ	6時	ろくじ
7時	しちじ	8時	はちじ	9時	くじ
10時	じゅうじ	11時	じゅういちじ	12時	じゅうにじ

03 何分ですか。　　　　몇 분입니까?

5分	ごふん	10分	じ(ゅ)っぷん
15分	じゅうごふん	20分	にじ(ゅ)っぷん
25分	にじゅうごふん	30分	さんじ(ゅ)っぷん
35分	さんじゅうごふん	40分	よんじ(ゅ)っぷん
45分	よんじゅうごふん	50分	ごじ(ゅ)っぷん
55分	ごじゅうごふん	60分	ろくじ(ゅ)っぷん

오워보자

04 ~から ~まで　　　　　　　　　　　　　　　　　　　　　　－부터(에서) －까지

とうきょう
東京からソウルまでです。　　　　　　　　　　동경에서 서울까지입니다.

ここから図書館(としょかん)まで30分です。　　　　여기부터 도서관까지 30분입니다.

アルバイトは午前(ごぜん)11時(じ)から午後(ごご) 7時(じ)までです。　　아르바이트는 오전 11시부터 오후 7시까지입니다.

05 1분 단위 읽기

1分	いっぷん
2分	にふん
3分	さんぷん
4分	よんぷん
5分	ごふん
6分	ろっぷん
7分	ななふん
8分	はちふん / はっぷん
9分	きゅうふん
10分	じ(ゅ)っぷん

06 －시간

1時間	いちじかん
2時間	にじかん
3時間	さんじかん
4時間	よじかん
5時間	ごじかん
6時間	ろくじかん
7時間	ななじかん / しちじかん
8時間	はちじかん
9時間	くじかん
10時間	じゅうじかん

TIP [분]은 일본어로는 [ふん] 또는 [ぷん]으로 읽는다. 숫자 [1, 6, 8, 10]과 [분]이 만나면 숫자의 끝 글자가 [촉음(っ)]으로 바뀌어서 [ぷん]으로 발음 된다.

東京(とうきょう) 동경　　　ソウル 서울　　　ここ 여기　　　図書館(としょかん) 도서관
アルバイト 아르바이트　　午前(ごぜん) 오전　　午後(ごご) 오후

話してみよう

01 다음 예와 같이 밑줄 친 부분을 바꾸어서 말해 보세요.

A: 今、何時ですか。
B: 3時です。

예 3:00

① ②
③ ④

⑤ ⑥

⑦ ⑧

02 다음 예와 같이 말해 보세요.

예 会社 / 9:00 ～ 6:00
A: 会社は何時から何時までですか。
B: くじからろくじまでです。

① 昼休み / 12:00 ～ 1:00

② テスト / 4:00 ～ 7:00

③ デパート / 10:30 ～ 8:00

④ 授業 / 9:30 ～ 11:00

今 지금　　何時 몇 시　　会社 회사　　～から ~부터/~에서
～まで ~까지　　昼休み 점심시간　　テスト 시험　　デパート 백화점
授業 수업

04 図書館は何時から何時までですか

聞いてみよう

01 예와 같이 올바르게 시간을 말하면 O표, 틀리면 X표를 하세요.

O

02 다음을 듣고 시간을 써 넣어 보세요.

9:00 ~ 6:00

読んでみよう ① 읽어보자

こんにちは。はじめまして、キムミンスです。

私は韓国人です。どうぞよろしくお願いします。

私は会社員です。あれは私の会社です。駅から会社まで15分です。

私の会社は韓国の会社じゃありません。日本の会社です。

仕事は午前9時から午後6時までです。

昼休みは12時から1時までです。

★ 위의 내용과 맞으면 O표, 틀리면 X표를 하세요.

❶ キムミンスさんは日本人じゃありません。(　　　)

❷ キムさんは韓国の会社の会社員です。(　　　)

❸ 昼休みは1時間です。(　　　)

駅 역　　時間 시간

05

学校<ruby>がっこう</ruby>はうちから遠<ruby>とお</ruby>いですか。

학교는 집에서 먼가요?

ポイント

1. **い형용사** 익히기
2. 会社<ruby>かいしゃ</ruby>は忙<ruby>いそが</ruby>しいです。
3. 日本語<ruby>にほんご</ruby>は難<ruby>むずか</ruby>しくありません。
4. 仕事<ruby>しごと</ruby>が多<ruby>おお</ruby>いです。
5. 私<ruby>わたし</ruby>のケータイは古<ruby>ふる</ruby>いですがいいです。

学校<ruby>がっこう</ruby> 학교	うち 집	～から ～부터/～에서
遠<ruby>とお</ruby>い 멀다	近<ruby>ちか</ruby>い 가깝다	韓国人<ruby>かんこくじん</ruby> 한국인
友<ruby>とも</ruby>だち 친구	多<ruby>おお</ruby>い 많다	韓国語<ruby>かんこくご</ruby> 한국어	の ～의	勉強<ruby>べんきょう</ruby> 공부
難<ruby>むずか</ruby>しい 어렵다	そうですね 그렇네요	少<ruby>すこ</ruby>し 조금	おもしろい 재미있다

キム: 山田さん、学校はうちから遠いですか。

山田: いいえ、遠くありません。近いです。

キム: 韓国人の友だちが多いですか。

山田: はい、多いです。

キム: 韓国語の勉強は難しくありませんか。

山田: そうですね。
少し難しいですが、おもしろいです。

覚えよう

01　기본형　　　　　　　　　　　　　　　　　　　　　　　－이다

すしはおいしい。　　　　　　　　　　　　　　　초밥은 맛있다.

パソコンは高い。　　　　　　　　　　　　　　　컴퓨터는 비싸다.

会社は忙しい。　　　　　　　　　　　　　　　　회사는 바쁘다.

02　기본형 ＋ です。　　　　　　　　　　　　　　　　　　－입니다

すしはおいしいです。　　　　　　　　　　　　　초밥은 맛있습니다.

パソコンは高いです。　　　　　　　　　　　　　컴퓨터는 비쌉니다.

会社は忙しいです。　　　　　　　　　　　　　　회사는 바쁩니다.

03　기본형 ＋ ですか。　　　　　　　　　　　　　　　　　－입니까?

今日は暑いですか。　　　　　　　　　　　　　　오늘은 덥습니까?

漢字は難しいですか。　　　　　　　　　　　　　한자는 어렵습니까?

学校は近いですか。　　　　　　　　　　　　　　학교는 가깝습니까?

04　はい、기본형 ＋ です。　　　　　　　　　　　　　　예, －입니다

はい、暑いです。　　　　　　　　　　　　　　　예, 덥습니다.

はい、難しいです。　　　　　　　　　　　　　　예, 어렵습니다.

はい、近いです。　　　　　　　　　　　　　　　예, 가깝습니다.

오버보자

05 いいえ、어간 + くありません。　　　　　　　아니오, -이/가 아닙니다

いいえ、暑くありません。　　　　　　　아니오, 덥지 않습니다.
いいえ、難しくありません。　　　　　　아니오, 어렵지 않습니다.
いいえ、近くありません。遠いです。　　아니오, 가깝지 않습니다. 멉니다.

TIP いい ▶ よくありません

06 ～が　　　　　　　　　　　　　　　❶ -이/-가　❷ -지만/-다만

❶ 田中さんは仕事が多いです。　　　　　다나까 씨는 일이 많습니다.
　今日は天気がよくありません。　　　　오늘은 날씨가 좋지 않습니다.

❷ 私のケータイは古いですが、いいです。　내 휴대폰은 낡았지만, 좋습니다.
　日本語は難しいですが、おもしろいです。　일본어는 어렵지만, 재미있습니다.

07 ～ね。　　　　　　　　　　　　　　　　　　　　　　-군요/-네요

상대방의 말에 동의하거나, 감탄할 때 쓰는 표현으로 문장 끝에 붙여서 사용한다.

すし 초밥	おいしい 맛있다	パソコン 컴퓨터	高い 비싸다
忙しい 바쁘다	今日 오늘	暑い 덥다	漢字 한자
難しい 어렵다	学校 학교	近い 가깝다	遠い 멀다
いい 좋다	仕事 일	多い 많다	天気 날씨
ケータイ 휴대폰	古い 낡다	おもしろい 재미있다	

05 学校はうちから遠いですか　053

話してみよう

01 다음 예 와 같이 밑줄 친 부분을 바꾸어서 말해 보세요.

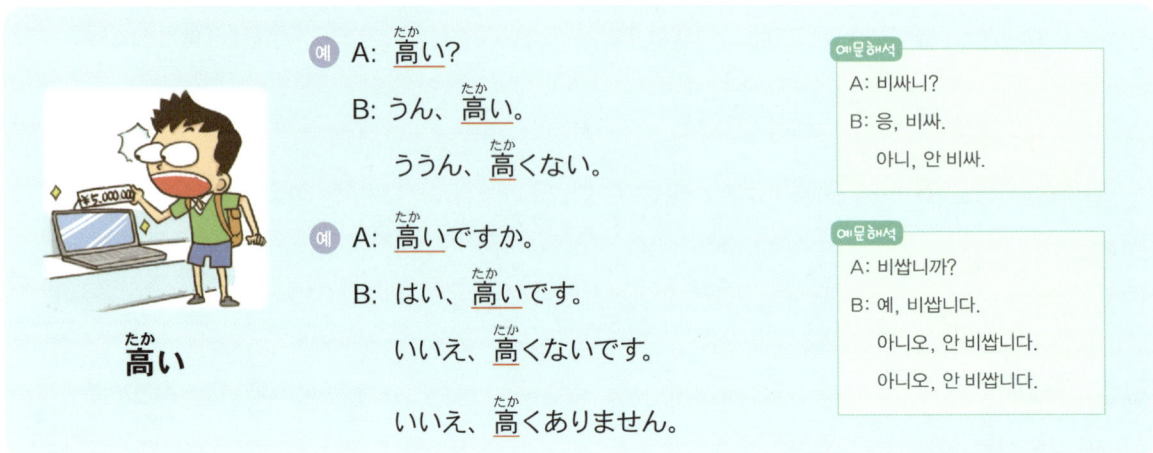

高い

예 A: 高い？
   B: うん、高い。
      ううん、高くない。

예 A: 高いですか。
   B: はい、高いです。
      いいえ、高くないです。
      いいえ、高くありません。

예문해석
A: 비싸니?
B: 응, 비싸.
   아니, 안 비싸.

예문해석
A: 비쌉니까?
B: 예, 비쌉니다.
   아니오, 안 비쌉니다.
   아니오, 안 비쌉니다.

❶ 暑い　❷ おいしい　❸ かわいい　❹ いい

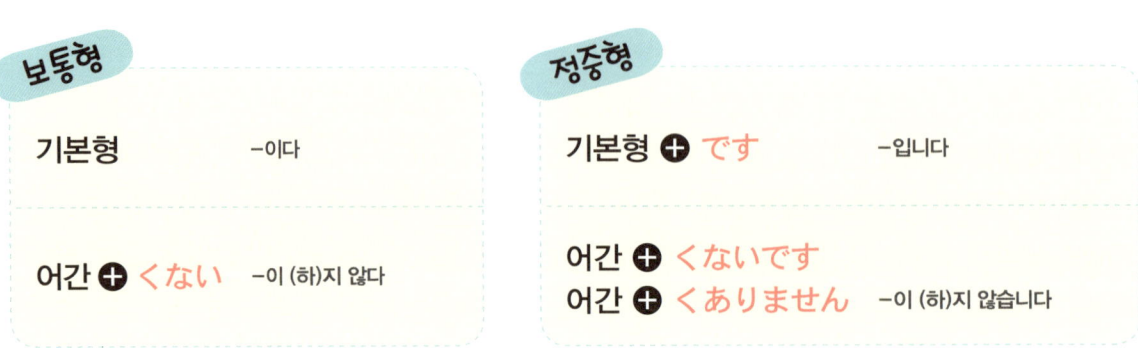

보통형
| 기본형 | −이다 |
| 어간 ➕ くない | −이(하)지 않다 |

정중형
기본형 ➕ です	−입니다
어간 ➕ くないです	
어간 ➕ くありません	−이(하)지 않습니다

말해보자

Track 21

02 다음 예와 같이 말해 보세요.

예 会社 / 遠い / 近い
A: 会社は遠いですか。
B: はい、遠いです。
　　いいえ、遠くありません。近いです。

❶ 日本語 / 難しい / 易しい

❷ 今日 / 寒い / 暑い

❸ キムさんのテレビ / 大きい / 小さい

❹ 田中さんのケータイ / 新しい / 古い

高い 비싸다	暑い 덥다	おいしい 맛있다	かわいい 귀엽다	いい 좋다
遠い 멀다	近い 가깝다	難しい 어렵다	易しい 쉽다	今日 오늘
寒い 춥다	テレビ 텔레비전	大きい 크다	小さい 작다	新しい 새롭다
古い 낡다				

05 学校はうちから遠いですか　055

聞いてみよう / 들어보자

Track 22

01 다음을 듣고 맞는 것에는 O표, 틀리는 것에는 X표를 하세요.

예) O

① ② ③ ④ ⑤ ⑥

02 다음을 듣고 히라가나로 문장을 완성해 보세요.

① _____ が _____ です。

② _____ は 天気（てんき）が _____ ありません。

③ _____ は _____ おもしろいです。

い형용사 ①

あつ
暑い
덥다

さむ
寒い
춥다

たか
高い
비싸다

やす
安い
싸다

おお
大きい
크다

ちい
小さい
작다

ちか
近い
가깝다

とお
遠い
멀다

あたら
新しい
새롭다

ふる
古い
낡다

むずか
難しい
어렵다

やさ
易しい
쉽다

わる
悪い
나쁘다

いい/よい
좋다

おお
多い
많다

すく
少ない
적다

おいしい
맛있다

おもしろい
재미있다

いそが
忙しい
바쁘다

かわいい
귀엽다

05　学校はうちから遠いですか

06

この白(しろ)いケータイは軽(かる)くていいですね。

이 하얀 휴대폰은 가볍고 좋네요.

ポイント

1. 辛(から)い料理(りょうり)です。
2. このケーキは甘(あま)くておいしいです。
3. あの店(みせ)はどうですか。

この 이	白(しろ)い 하얗다	軽(かる)い 가볍다
いい 좋다	そうですか 그렇습니까?	でも 하지만
古(ふる)い 낡다	どうですか 어떻습니까?	新(あたら)しい 새롭다	重(おも)い 무겁다

山田: この白いケータイはキムさんのですか。

キム: はい、それは私のです。

山田: 軽くていいですね。

キム: そうですか。でも、古いです。
　　　山田さんのケータイはどうですか。

山田: 私のケータイは新しいですが、重いです。

覚えよう　　　　　　　　　　　　　　　　　　　　　　　오워보자

01　기본형 + 명사　　　　　　　　　　　　　　　　　　　　　　−한 명사

辛い料理です。　　　　　　　　　　　　　　　　　　　　매운 요리입니다.

背が高い人です。　　　　　　　　　　　　　　　　　　키가 큰 사람입니다.

02　어간 + くて　　　　　　　　　　　　　　　　　　　　　　−하고, −해서

このジュースは甘くておいしいです。　　　　　　　　　이 주스는 달고 맛있습니다.

広くて明るい部屋です。　　　　　　　　　　　　　　　넓고 밝은 방입니다.

03　명사를 수식하는 지시어

| 이 ➕ 명사 | 그 ➕ 명사 | 저 ➕ 명사 | 어느 ➕ 명사 |
| この ➕ 명사 | その ➕ 명사 | あの ➕ 명사 | どの ➕ 명사 |

04　~は どうですか。　　　　　　　　　　　　　　　　　　−은/는 어떻습니까?

その辞書はどうですか。　　　　　　　　　　　　　　　그 사전은 어떻습니까?

あの店はどうですか。　　　　　　　　　　　　　　　　저 가게는 어떻습니까?

話してみよう

Track 24

01 다음 예와 같이 말해 보세요.

예 料理 / 辛い

A: どんな料理ですか。
B: 辛い料理です。

 ❶ 傘 / 赤い

 ❷ 映画 / 怖い

 ❸ 人 / 背が高い

 ❹ 本 / 漢字が多い

辛い 맵다	料理 요리	背が高い 키가 크다	人 사람	ジュース 주스
甘い 달다	おいしい 맛있다	広い 넓다	明るい 밝다	部屋 방
辞書 사전	店 가게	どんな 어떤	傘 우산	赤い 빨갛다
映画 영화	怖い 무섭다	漢字 한자	多い 많다	

06 この白いケータイは軽くていいですね

 話してみよう　말해보자

02 다음 예 와 같이 말해 보세요.

예　鈴木さんの車 / 黒い / 大きい

A: 鈴木さんの車はどうですか。
B: 黒くて大きいです。

 ❶ このケーキ / 甘い / おいしい

 ❷ そのパソコン / 小さい / 軽い

 ❸ あの店 / 狭い / うるさい

 ❹ 山田さん / 明るい / おもしろい

車 자동차	黒い 까맣다	大きい 크다	ケーキ 케익
甘い 달다	おいしい 맛있다	その 그	パソコン 컴퓨터
店 가게	狭い 좁다	うるさい 시끄럽다	明るい 밝다
おもしろい 재미있다			

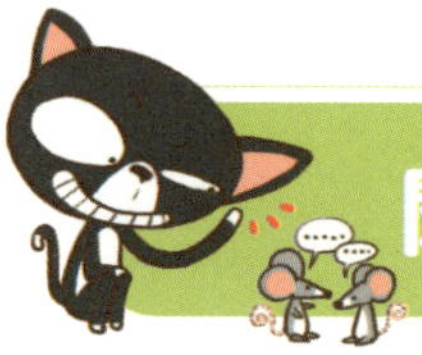

聞いてみよう 들어보자

Track 25

01 다음을 듣고 맞는 그림을 2개 골라서 O표 하세요.

예

ⓐ (　　)

ⓑ (O)

ⓒ

(　　)

ⓓ

(O)

❶

ⓐ (　　)

ⓑ (　　)

ⓒ (　　)

ⓓ (　　)

❷

ⓐ (　　)

ⓑ (　　)

ⓒ (　　)

ⓓ (　　)

❸

ⓐ (　　)

ⓑ (　　)

ⓒ (　　)

ⓓ (　　)

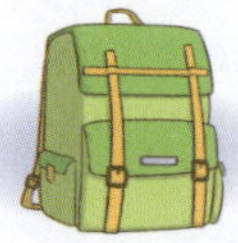

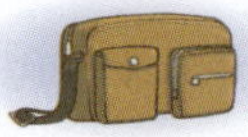

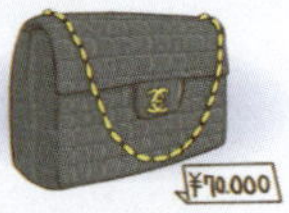

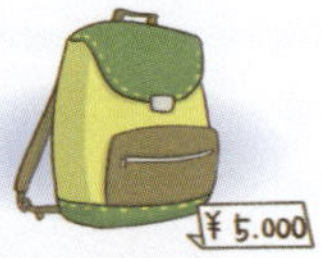

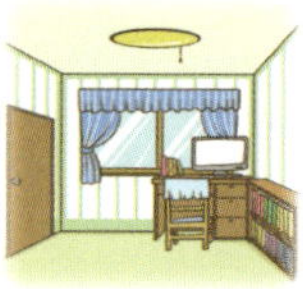

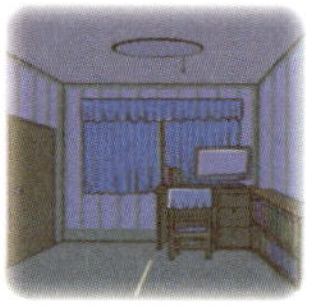

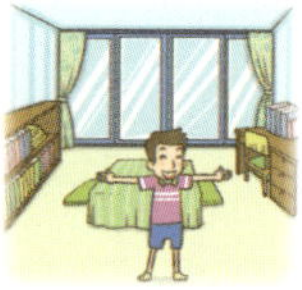

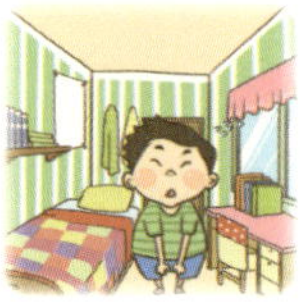

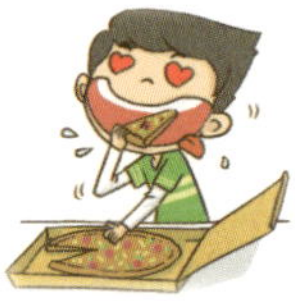

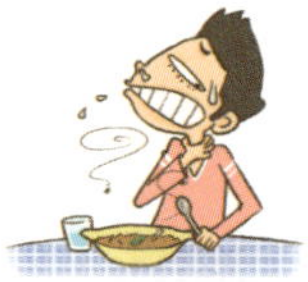

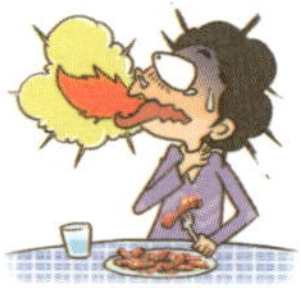

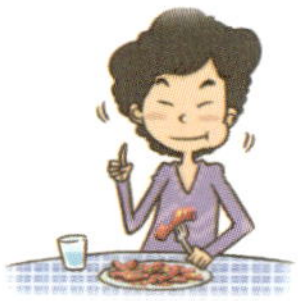

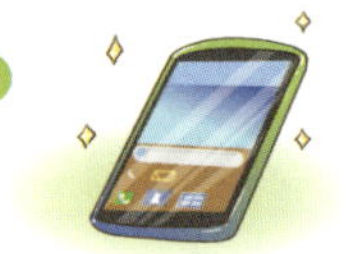

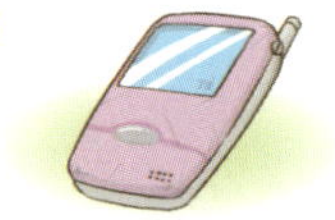

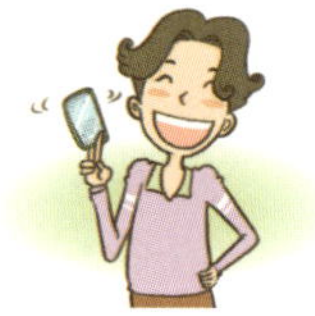

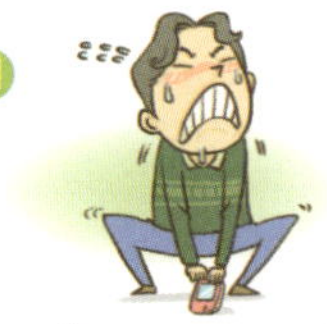

02 다음을 듣고 히라가나로 문장을 완성해 보세요.

❶ これは＿＿＿＿＿＿財布(さいふ)です。

❷ この＿＿＿＿＿＿は＿＿＿＿＿＿ですか。

❸ あの部屋(へや)は＿＿＿＿＿＿広(ひろ)いです。

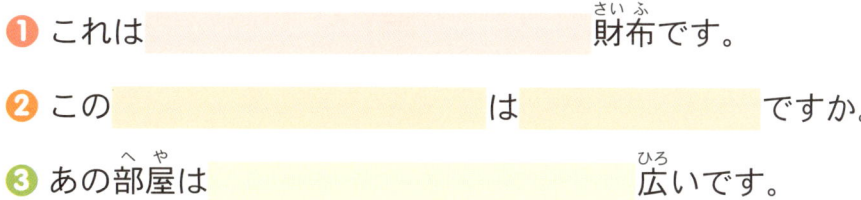

い형용사 ②

 広い 넓다
 狭い 좁다
 重い 무겁다
 軽い 가볍다

 高い 높다
 低い 낮다
 明るい 밝다
 暗い 어둡다

 長い 길다
 短い 짧다
 怖い 무섭다
 うるさい 시끄럽다

 速い 빠르다
 強い 강하다
 甘い 달다
 辛い 맵다

 黒い 까맣다
 白い 하얗다
 赤い 빨갛다
 青い 파랗다

명함교환

Q 퀴즈 : 일본의 명함 예절에서 맞는 것은 어느 것일까요?

❶ 테이블을 사이에 두고 일어나서 명함교환을 한다.

❷ 상대방의 자리로 가서 명함을 교환한다.

❸ 이름이 어려워서 읽을 수 없을 때는 그 자리에서 물어보지 않는다.

❹ 명함을 받으면 바로 명함꽂이에 넣는다.

1. 테이블이 있는 경우는 상대방이 있는 곳으로 가서 명함을 교환한다.
2. 명함은 두 손으로 주고 두손으로 받는 것이 예의.
3. 자기의 성명이 상대방 쪽에서 보아 바르게 보이게끔 하고 건네면서, 회사명과 부서명, 이름을 밝히면 OK!!

1. 명함은 아랫사람이 먼저 드리는 것이 비즈니스 매너!!!!
2. 상대방이 먼저 줄 경우에는 [인사가 늦었습니다]라고 말을 덧붙이면 좋다.
3. 상사와 함께 명함을 건넬 때는 상사가 건넨 다음에 건네도록 하자.

1. 상대방의 이름을 읽을 수 없을 때는 그 자리에서 반드시 확인하기!! 확인하지 않고 나중에 모르는 것이 실례.

1. 교환한 명함은 바로 명함꽂이에 넣지 않고 이야기가 끝날 때까지 책상 위에 놓아 둔다. 책상 위에 놓을 때도 책상 위에 바로 놓지 않고 명함 꽂이 위에 놓는 것이 더욱 정중한 방법.
2. 여러 명과 교환했을 때는 상대의 좌석 위치에 맞게 배열해서 이름을 틀리지 않도록 주의하자.

07

カラオケが好きですか。

노래방을 좋아하나요?

ポイント

1. **な형용사** 익히기
2. 今日は<u>暇だ</u>。
3. 東京は<u>賑やかです</u>。
4. このパソコンは<u>便利じゃありません</u>。
5. 私はピアノ<u>が上手です</u>。

ここ 여기	とても 매우	
賑やかだ 번화하다	そうですね 그렇네요	人 사람
多い 많다	街 거리	カラオケ 노래방
好きだ 좋아하다	歌 노래	あまり 그다지/별로	上手だ 잘하다	下手だ 못하다

山田: ここはとても賑やかですね。

キム: そうですね。人が多くておもしろい街ですね。

山田: カラオケも多いですね。

キム: 山田さんはカラオケが好きですか。

山田: はい、好きですが、歌はあまり上手じゃありません。

キム: そうですか。私も歌が下手です。

覚えよう

01 기본형 (어간 + だ)　　　　　　　　　　　　　　　　　　　　　　-하다

日本語は簡単だ。　　　　　　　　　　　　　　　　일본어는 간단하다.

今日は暇だ。　　　　　　　　　　　　　　　　　　오늘은 한가하다.

ここは静かだ。　　　　　　　　　　　　　　　　　여기는 조용하다.

02 어간 + です。　　　　　　　　　　　　　　　　　　　　　　　　-합니다

日本語は簡単です。　　　　　　　　　　　　　　　일본어는 간단합니다.

今日は暇です。　　　　　　　　　　　　　　　　　오늘은 한가합니다.

ここは静かです。　　　　　　　　　　　　　　　　여기는 조용합니다.

03 어간 + ですか。　　　　　　　　　　　　　　　　　　　　　　-합니까?

東京は賑やかですか。　　　　　　　　　　　　　　동경은 번화합니까?

山田さんの車は丈夫ですか。　　　　　　　　　　　야마다 씨의 차는 튼튼합니까?

このパソコンは便利ですか。　　　　　　　　　　　이 컴퓨터는 편리합니까?

04 はい、어간 + です。　　　　　　　　　　　　　　　　　　　예, -합니다

はい、賑やかです。　　　　　　　　　　　　　　　예, 번화합니다.

はい、丈夫です。　　　　　　　　　　　　　　　　예, 튼튼합니다.

はい、便利です。　　　　　　　　　　　　　　　　예, 편리합니다.

오더보자

05 いいえ、어간 + じゃ(では)ありません。　　　아니오, -하지 않습니다

いいえ、賑やかじゃありません。　　　아니오, 번화하지 않습니다.

いいえ、丈夫じゃありません。　　　아니오, 튼튼하지 않습니다.

いいえ、便利じゃありません。不便です。
아니오, 편리하지 않습니다. 불편합니다.

06
~が好きです。　　　-을/를 좋아합니다
~が嫌いです。　　　-을/를 싫어합니다
~が上手です。　　　-을/를 잘합니다
~が下手です。　　　-을/를 잘 못합니다

田中さんは辛い料理が好きですか。　　　다나까 씨는 매운 요리를 좋아합니까?

私は怖い映画が嫌いです。　　　나는 무서운 영화를 싫어합니다.

彼はピアノが上手です。　　　그는 피아노를 잘 칩니다.

私は英語が下手です。　　　나는 영어를 잘 못합니다.

TIP 일본어에서는 기호나 능력을 나타내는 단어 앞에 조사 [을/를]이 올 때는 [を] 대신에 [が]를 붙인다.

簡単だ 간단하다　　暇だ 한가하다　　ここ 여기　　静かだ 조용하다
賑やかだ 번화하다　　車 차　　丈夫だ 튼튼하다　　この 이
便利だ 편리하다　　不便だ 불편하다　　料理 요리　　怖い 무섭다
映画 영화　　彼 그　　ピアノ 피아노

07 カラオケが好きですか　069

話してみよう

01 다음 예와 같이 밑줄 친 부분을 바꾸어서 말해 보세요.

元気だ

예 A: 元気?
　　B: うん、元気。
　　　　ううん、元気じゃない。

예 A: 元気ですか。
　　B: はい、元気です。
　　　　いいえ、元気じゃないです。
　　　　いいえ、元気じゃありません。

예문해석
A: 건강하니?
B: 응, 건강해.
　　아니, 건강하지 않아.

예문해석
A: 건강합니까?
B: 예, 건강합니다.
　　아니오, 건강하지 않습니다.
　　아니오, 건강하지 않습니다.

❶
有名だ

❷
便利だ

❸
暇だ

❹
静かだ

보통형

어간 ➕ だ (기본형)　 －하다

어간 ➕ じゃ(では)ない　－하지 않다

정중형

어간 ➕ です　 －합니다

어간 ➕ じゃ(では)ないです
어간 ➕ じゃ(では)ありません　－하지 않습니다

말해보자

Track 27

02 다음 예 와 같이 말해 보세요.

예 田中さん / 真面目だ

A: 田中さんは真面目ですか。
B: はい、とても真面目です。
　　いいえ、あまり真面目じゃありません。

❶ その店 / きれいだ

❷ キムさん / スポーツが好きだ

❸ 先生 / 親切だ

❹ 山田さん / 歌が上手だ

元気だ 건강하다　　有名だ 유명하다　　便利だ 편리하다　　暇だ 한가하다
静かだ 조용하다　　真面目だ 성실하다　　とても 매우　　あまり 그다지/별로
きれいだ 깨끗하다/예쁘다　　スポーツ 스포츠　　好きだ 좋아하다　　親切だ 친절하다
歌 노래　　上手だ 잘하다/능숙하다

07 カラオケが好きですか

聞いてみよう　들어보자

Track 28

01 다음을 듣고 맞는 것에는 O표, 틀리는 것에는 X표를 하세요.

예  　O

① ②

③ ④

⑤ ⑥

02 다음을 듣고 히라가나로 문장을 완성해 보세요.

① その店は _____ です。

② 日本語 _____ ですか。

③ この歌は _____ じゃありません。

な형용사

好きだ
좋아하다

嫌いだ
싫어하다

上手だ
잘하다/능숙하다

下手だ
잘 못하다/서투르다

便利だ
편리하다

不便だ
불편하다

静かだ
조용하다

賑やかだ
번화하다

親切だ
친절하다

真面目だ
성실하다

元気だ
건강하다

丈夫だ
튼튼하다

きれいだ
깨끗하다/예쁘다

ハンサムだ
핸섬하다

有名だ
유명하다

簡単だ
간단하다

暇だ
한가하다

立派だ
훌륭하다

新鮮だ
신선하다

大変だ
힘들다

07 カラオケが好きですか　073

08

きれいなレストランですね。

깨끗한 레스토랑이네요.

ポイント

1. 好き<u>な</u>食べ物は何ですか。
2. この車は立派<u>で</u>丈夫です。
3. 有名なレストランだ<u>から</u>、人が多いです。

きれいだ 깨끗하다	レストラン 레스토랑	
とても 매우/아주	有名だ 유명하다	どんな 어떤
新鮮だ 신선하다	好きだ 좋아하다	大好きだ 아주 좋아하다
でも 하지만	わさび 고추냉이	どうして 왜/어째서　　～からです ~때문입니다

山田: きれいなレストランですね。

キム: はい、ここはとても有名ですよ。

山田: どんな料理がおいしいですか。

キム: すしが新鮮で、おいしいです。

山田: キムさんはすしが好きですか。

キム: はい、大好きです。
でも、わさびはあまり好きじゃありません。

山田: どうしてですか。

キム: 辛いからです。

覚えよう

오워보자

01 어간 + な + 명사
-한 명사

きれいな部屋です。 깨끗한 방입니다.

彼女は静かな人です。 그녀는 조용한 사람입니다.

好きな食べ物は何ですか。 좋아하는 음식은 무엇입니까?

02 어간 + で
-하고, -해서

山田さんは真面目で、親切です。 야마다 씨는 성실하고, 친절합니다.

この車は立派で、丈夫です。 이 차는 훌륭하고, 튼튼합니다.

このパソコンは便利で、いいです。 이 컴퓨터는 편리하고, 좋습니다.

03 ～から
-이기/하기 때문에, -이므로/하므로

地下鉄は速いから、便利です。 지하철은 빠르기 때문에, 편리합니다.

日本語はおもしろくて簡単だから、好きです。
일본어는 재미있고 간단하기 때문에, 좋아합니다.

有名なデパートだから、人が多いです。 유명한 백화점이기 때문에, 사람이 많습니다.

04 ～よ。

상대방이 모르는 새로운 정보를 알려 주거나, 자기 의사를 강하게 주장하는 표현으로 문장 끝에 붙여서 사용한다.

話してみよう

말해보자

🔊 Track 30

01 다음 예 와 같이 말해 보세요.

예 部屋 / 静かだ
A: どんな部屋ですか。
B: 静かな部屋です。

 ❶ 車 / 丈夫だ

 ❷ 公園 / きれいだ

 ❸ 仕事 / 大変だ

 ❹ 人 / スポーツが好きだ

きれいだ 깨끗하다	部屋 방	彼女 그녀	静かだ 조용하다	人 사람
好きだ 좋아하다	食べ物 음식	真面目だ 성실하다	親切だ 친절하다	車 자동차
立派だ 훌륭하다	丈夫だ 튼튼하다	便利だ 편리하다	地下鉄 지하철	速い 빠르다
簡単だ 간단하다	有名だ 유명하다	多い 많다	どんな 어떤	公園 공원
大変だ 힘들다				

08 きれいなレストランですね   077

話してみよう

02 다음 예와 같이 말해 보세요.

> 예 **その会社 / 有名だ / 立派だ**
>
> A: その会社はどうですか。
> B: 有名で、立派です。

① キムさん / 真面目だ / 日本語が上手だ

② このさしみ / 新鮮だ / おいしい

③ ソウルの地下鉄 / 便利だ / 速い

④ 山田さんの子ども / 元気だ / 明るい

有名だ 유명하다	立派だ 훌륭하다	真面目だ 성실하다	上手だ 잘하다
さしみ 회	新鮮だ 신선하다	ソウル 서울	地下鉄 지하철
便利だ 편리하다	速い 빠르다	子ども 아이	元気だ 건강하다
明るい 밝다			

03 다음 예와 같이 말해 보세요.

예 日本語 / 簡単だ / おもしろい

A: 日本語が好きです。
B: どうしてですか。
A: 簡単でおもしろいからです。

 ❶ あの店 / きれいだ / 料理がおいしい

 ❷ 山田さん / スポーツが上手だ / ハンサムだ

 ❸ パクさん / 明るい / 親切だ

 ❹ りんご / 甘い / おいしい

| 簡単だ 간단하다 | どうして 왜, 어째 | 店 가게 | きれいだ 예쁘다 |
| スポーツ 스포츠 | ハンサムだ 핸섬하다 | りんご 사과 | |

聞いてみよう 들어보자

🎧 Track 31

01 다음을 듣고 맞는 그림을 2개 골라서 O표 하세요.

예 ⓐ  (O)   ⓑ  ( )   ⓒ  (O)   ⓓ  ( )

❶ ⓐ  ( )   ⓑ  ( )   ⓒ  ( )   ⓓ  ( )

❷ ⓐ  ( )   ⓑ  ( )   ⓒ 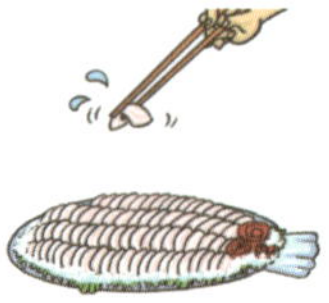 ( )   ⓓ  ( )

❸ ⓐ  ( )   ⓑ  ( )   ⓒ  ( )   ⓓ  ( )

02 다음을 듣고 히라가나로 문장을 완성해 보세요.

❶ キムさんは _____ 医者(いしゃ)です。

❷ 東京(とうきょう)は _____ 人が多いです。

❸ 先生は _____ 好(す)きです。

読んでみよう ②

私は日本がとても好きです。

日本料理も、日本人も大好きだからです。

日本料理は少し高いですが、おいしいです。

日本人はとても親切です。

私のクラスの先生も親切で、いいです。

それから、私は日本のドラマも好きです。

日本のドラマはストーリーがよくて、おもしろいからです。

今は日本語が下手だから、少し難しいです。

でも、日本語の勉強はおもしろいから、好きです。

★ 위의 내용과 맞으면 O표, 틀리면 X표를 하세요.

❶ 私は日本語が上手じゃありません。(　　　　)

❷ 私は日本料理も日本人も好きだから、日本が好きです。(　　　　)

❸ 日本料理はおいしくて高くありません。(　　　　)

クラス 반/클래스　　　ドラマ 드라마　　　ストーリー 스토리　　　少し 조금

09

東[とう]京[きょう]とソウルとどちらが寒[さむ]いですか。

동경과 서울과 어느 쪽이 춥나요?

ポイント

① 猫[ねこ]と犬[いぬ]とどちらがかわいいですか。

② (バスより)地下鉄[ちかてつ]の方[ほう]が便利[べんり]です。

③ 果物[くだもの]の中[なか]で何[なに]が一番[いちばん]おいしいですか。

④ 春[はる]が一番[いちばん]好[す]きです。

韓国[かんこく] 한국	冬[ふゆ] 겨울	
～と ～와/～과	どちら 어느 쪽	
～より ～보다	～方[ほう] ～쪽/～편	季節[きせつ] 계절	～の中[なか]で ～의 중에서
いつ 언제	一番[いちばん] 가장/제일	春[はる] 봄	水泳[すいえい] 수영	夏[なつ] 여름

山田: 韓国の冬はとても寒いですね。

キム: そうですか。東京とソウルとどちらが寒いですか。

山田: 東京よりソウルの方が寒いです。

キム: 山田さんは季節の中でいつが一番好きですか。

山田: 私は春が一番好きです。
　　　キムさんはいつが一番好きですか。

キム: 水泳が好きだから、夏が一番好きです。

覚えよう

01 　～と ～と どちらが ～ですか。　　　　　　　-와 -와 어느 쪽이 -입니까?

猫と犬とどちらがかわいいですか。　　　　고양이와 개와 어느 쪽이 귀엽습니까?

バスと地下鉄とどちらが便利ですか。　　　버스와 지하철과 어느 쪽이 편리합니까?

サッカーと野球とどちらが上手ですか。　　축구와 야구와 어느 쪽을 잘합니까?

02 　(～より) ～の方が ～です。　　　　　　　　(-보다) -의 쪽이 -입니다

(猫より)犬の方がかわいいです。　　　　　고양이보다 개 쪽이 귀엽습니다.

(バスより)地下鉄の方が便利です。　　　　버스보다 지하철 쪽이 편리합니다.

(野球より)サッカーの方が上手です。　　　야구보다 축구 쪽을 잘합니다.

猫 고양이	犬 개	バス 버스	地下鉄 지하철
サッカー 축구	野球 야구	果物 과일	クラス 반/클래스
背が高い 키가 크다	季節 계절	みかん 귤	春 봄

03 ～の中で何が一番～ですか。

－의 중에서 무엇이 가장 －입니까?

誰 　　　누구
どこ 　　어디
いつ 　　언제

果物の中で何が一番おいしいですか。　　　과일 중에서 무엇이 가장 맛있습니까?

クラスの中で誰が一番背が高いですか。　　반 안에서 누가 가장 키가 큽니까?

韓国の中でどこが一番有名ですか。　　　　한국 중에서 어디가 가장 유명합니까?

季節の中でいつが一番好きですか。　　　　계절 중에서 언제를 가장 좋아합니까?

04 ～が 一番 ～です。

－이/가 가장(제일) －입니다

みかんが一番おいしいです。　　　　　　　귤이 가장 맛있습니다.

田中さんが一番背が高いです。　　　　　　다나까 씨가 가장 키가 큽니다.

ソウルが一番有名です。　　　　　　　　　서울이 가장 유명합니다.

春が一番好きです。　　　　　　　　　　　봄을 가장 좋아합니다.

話してみよう

01 다음 예와 같이 말해 보세요.

예 夏 / 冬 / 好きだ

A: 夏と冬とどちらが好きですか。
B: (夏より)冬の方が好きです。

❶ 漢字 / カタカナ / 簡単だ

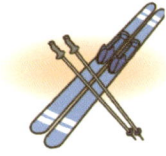 

❷ スキー / 水泳 / 上手だ

❸ りんご / メロン / 高い

❹ ビール / 焼酎 / おいしい

❺ 日本 / アメリカ / 韓国から遠い

02 다음 예와 같이 말해 보세요.

예 果物 / 甘い

A: 果物の中で何が一番甘いですか。
B: ももが一番甘いです。

❶ 乗り物 / 速い

❷ 友だち / 真面目だ

山田 田中 キム

❸ 日本 / 有名だ

❹ 季節 / 嫌いだ

夏 여름	冬 겨울	漢字 한자	カタカナ 카타카나	スキー 스키
水泳 수영	りんご 사과	メロン 멜론	ビール 맥주	焼酎 소주
アメリカ 미국	遠い 멀다	果物 과일	もも 복숭아	乗り物 탈 것
速い 빠르다	友だち 친구	季節 계절		

聞いてみよう 들어보자

Track 34

01 다음을 듣고 맞는 그림을 고르세요.

예 a (O)   b (   )   c (   )

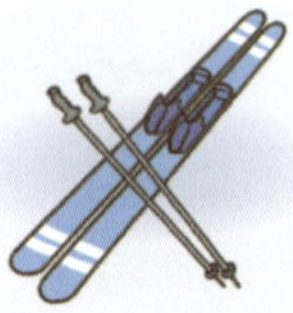

❶ a (   )   b (   )   c (   )

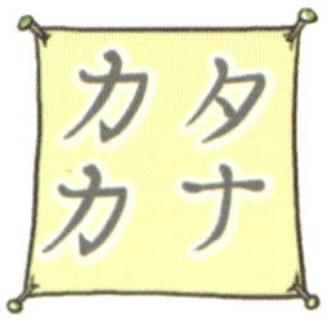

❷ a (   )   b (   )   c (   )

❸ a (   )   b (   )   c (   )

02 다음을 듣고 히라가나로 문장을 완성해 보세요.

❶ 日本語　　　英語　　　　　　　　が難しいですか。

❷ ぶどう　　　　いちご　　　　　　　がおいしいです。

❸ 乗り物の　　　　　で　　　　が　　　　　速いですか。

季節 계절

はる
春 봄

なつ
夏 여름

あき
秋 가을

ふゆ
冬 겨울

果物 과일

みかん 귤

いちご 딸기

りんご 사과

なし 배

もも 복숭아

ぶどう 포도

すいか 수박

バナナ 바나나

オレンジ 오렌지

乗り物 탈 것

ちかてつ
地下鉄 지하철

バス 버스

タクシー 택시

ひこうき
飛行機 비행기

ふね
船 배

スポーツ 스포츠

すいえい
水泳 수영

やまのぼ
山登り 등산

やきゅう
野球 야구

サッカー 축구

テニス 테니스

ゴルフ 골프

ボウリング 볼링

スノーボード 스노보드

スキー 스키

バスケットボール 농구

お酒 술

ウィスキー 위스키

カクテル 칵테일

しょうちゅう
焼酎 소주

ワイン 와인

ビール 맥주

09 東京とソウルとどちらが寒いですか

10

このかばんはいくらですか。

이 가방은 얼마입니까?

ポイント

① **큰 수** 익히기

② **금액, 조수사(단위)** 익히기

③ その<ruby>赤<rt>あか</rt></ruby>いかばん**はいくらですか**。

④ このケーキ**ください**。

<ruby>店員<rt>てんいん</rt></ruby> 점원
すみません 저기요
<ruby>円<rt>えん</rt></ruby> 일본 화폐의 단위
<ruby>1つ<rt>ひと</rt></ruby> 하나
いらっしゃいませ 어서 오세요
いくら 얼마
<ruby>少し<rt>すこ</rt></ruby> 조금
ください 주세요
じゃあ 그러면
ありがとうございます 감사합니다
～より ～보다

店員: いらっしゃいませ。

山田: すみません。このかばんはいくらですか。

店員: 5600円です。

山田: そうですか。少し高いですね。

店員: じゃあ、あれはどうですか。
このかばんより安くて、いいですよ。

山田: あれはいくらですか。

店員: 3800円です。大きくて、とても便利ですよ。

山田: じゃあ、あれ1つください。

店員: ありがとうございます。

覚えよう

01 숫자 읽기 (10~90000)

	10	100	1000	10000
1	じゅう	ひゃく	せん	いちまん
2	にじゅう	にひゃく	にせん	にまん
3	さんじゅう	さんびゃく	さんぜん	さんまん
4	よんじゅう	よんひゃく	よんせん	よんまん
5	ごじゅう	ごひゃく	ごせん	ごまん
6	ろくじゅう	ろっぴゃく	ろくせん	ろくまん
7	ななじゅう	ななひゃく	ななせん	ななまん
8	はちじゅう	はっぴゃく	はっせん	はちまん
9	きゅうじゅう	きゅうひゃく	きゅうせん	きゅうまん

02 ~は いくらですか　　　　　　　　　　　　　-은/는 얼마입니까?

このカメラはいくらですか。　　　　　　　　이 카메라는 얼마입니까?

その赤(あか)いかばんはいくらですか。　　　　그 빨간 가방은 얼마입니까?

03 ください　　　　　　　　　　　　　　　　　주세요

りんご4つとすいか1つください。　　　　　사과 4개와 수박 1개 주세요.

コーラとコーヒー2つずつください。　　　　콜라와 커피 2개씩 주세요.

04 금액 및 조수사 (단위)

	~円 엔	~つ 개	~枚 장	~本 자루/병	~冊 권	~階 층
1	いちえん	ひとつ	いちまい	いっぽん	いっさつ	いっかい
2	にえん	ふたつ	にまい	にほん	にさつ	にかい
3	さんえん	みっつ	さんまい	さんぼん	さんさつ	さんがい
4	よえん	よっつ	よんまい	よんほん	よんさつ	よんかい
5	ごえん	いつつ	ごまい	ごほん	ごさつ	ごかい
6	ろくえん	むっつ	ろくまい	ろっぽん	ろくさつ	ろっかい
7	ななえん	ななつ	ななまい	ななほん	ななさつ	ななかい
8	はちえん	やっつ	はちまい	はっぽん	はっさつ	はちかい / はっかい
9	きゅうえん	ここのつ	きゅうまい	きゅうほん	きゅうさつ	きゅうかい
10	じゅうえん	とお	じゅうまい	じゅっぽん	じゅっさつ	じゅっかい
	いくら 얼마	いくつ 몇 개	なんまい 몇 장	なんぼん 몇 자루/몇 병	なんさつ 몇 권	なんがい 몇 층

カメラ 카메라　　　赤(あか)い 빨갛다　　　~と ~와/~과　　　すいか 수박
コーラ 콜라　　　コーヒー 커피　　　~ずつ ~씩

10　このかばんはいくらですか

話してみよう

01 다음 예와 같이 말해 보세요.

> 예 **ケーキ**
> A: ケーキください。
> B: いくつですか。
> A: みっつください。

 ❶ おにぎり

 ❷ ラーメン

 ❸ ホットコーヒー

 ❹ コーラ

ケーキ 케익	ください 주세요	いくつ 몇 개	おにぎり 주먹밥
ラーメン 라면	ホットコーヒー 뜨거운 커피	コーラ 콜라	うどん 우동
ハンバーガー 햄버거	サラダ 샐러드	辞書(じしょ) 사전	めがね 안경
時計(とけい) 시계	テレビ 텔레비전		

02 다음 예와 같이 말해 보세요.

うどん / 680円

A: うどんはいくらですか。
B: 680円(ろっぴゃくはちじゅうえん)です。

❶

ハンバーガー / 390円

❷

サラダ / 570円

❸

辞書 / 1900円

❹

めがね / 3600円

❺

時計 / 18000円

❻

テレビ / 46800円

03 다음 예 와 같이 밑줄 친 부분을 바꾸어서 말해 보세요.

예 店員: いらっしゃいませ。
客 : <u>ドーナツ</u>はいくらですか。
店員: <u>150</u>円です。
客 : <u>アイスティー</u>はいくらですか。
店員: <u>280</u>円です。
客 : <u>ドーナツとアイスティー</u>ください。
店員: はい、全部で<u>430</u>円です。
客 : じゃあ、これでお願いします。
店員: ありがとうございます。

예  ＋  ＝ 430円

ドーナツ (150円)　　アイスティー (280円)

❶  ＋  ＝

ボールペン (90円)　　ノート (120円)

❷  ＋  ＝

ぼうし (840円)　　傘 (1600円)

店員 점원	いらっしゃいませ 어서 오세요	客 손님	ドーナツ 도넛
いくら 얼마	アイスティー 아이스 티	～と ～와/～과	ください 주세요
全部で 전부 해서	じゃあ 그러면	これで 이것으로	ボールペン 볼펜
お願いします 부탁합니다		ノート 노트	ぼうし 모자

聞いてみよう 들어보자

Track 37

01 다음을 듣고 맞는 것에는 O표, 틀리는 것에는 X표를 하세요.

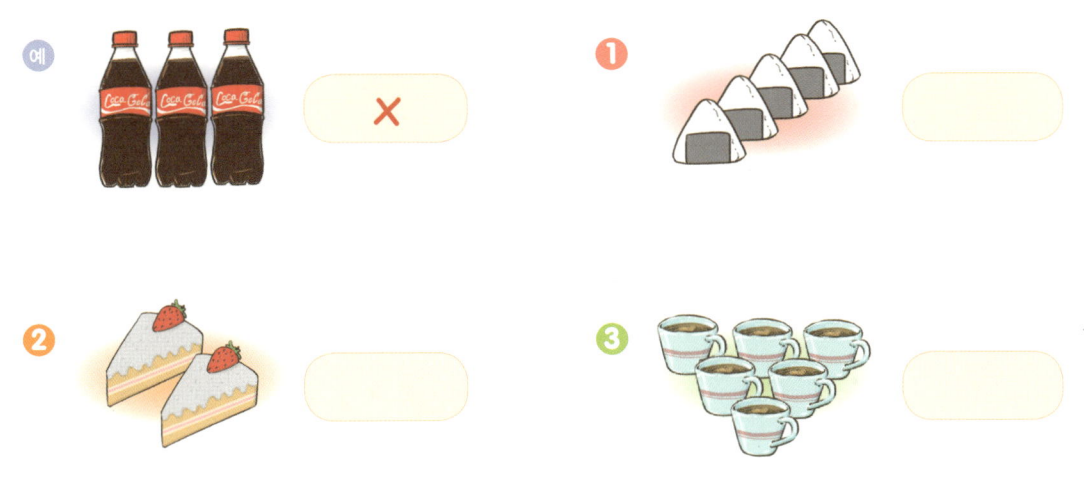

02 다음을 듣고 금액을 넣어 보세요.

この近くに銀行がありますか。

이 근처에 은행이 있나요?

ポイント

1. 위치 명사 익히기
2. 駅の中にトイレがあります。
3. 私の後ろに木村さんがいます。

すみません 실례합니다	近く 근처		
～に ～에	銀行 은행		
～が ～이/～가	あります 있습니다		
通行人 통행인	本屋 서점/책방	2階 2층	すみませんが 실례입니다만
どこ 어디	あそこ 저기	デパート 백화점	隣 옆　上 위

山田　：すみません。この近くに銀行がありますか。

通行人：銀行ですか。あ、本屋の２階にありますよ。

山田　：本屋の２階ですか。
　　　　すみませんが、本屋はどこですか。

通行人：あそこにデパートがありますね。
　　　　その隣が本屋です。

山田　：デパートの隣が本屋ですね。

通行人：はい、その上に銀行があります。

山田　：そうですか。ありがとうございます。

11　この近くに銀行がありますか

覚えよう

01 〜に 〜が あります (사물, 식물)　　　　-에 -이/가 있습니다

駅の中にトイレがあります。　　　　　　　역 안에 화장실이 있습니다.
机の上に花があります。　　　　　　　　책상 위에 꽃이 있습니다.

02 〜に 〜が います (사람, 동물)　　　　-에 -이/가 있습니다

私の後ろに木村さんがいます。　　　　　내 뒤에 기무라 씨가 있습니다.
いすの下に猫がいます。　　　　　　　　의자 아래에 고양이가 있습니다.

03 ありません / いません　　　　　　　　없습니다

テストがありますか。　　　　　　　　　시험이 있습니까?
　　いいえ、ありません。　　　　　　　아니오, 없습니다.
日本人の友だちがいますか。　　　　　　일본인 친구가 있습니까?
　　いいえ、いません。　　　　　　　　아니오, 없습니다.

04 장소를 나타내는 지시어

	-곳(장소)	-쪽(방향)
이	ここ	こちら
그	そこ	そちら
저	あそこ	あちら
어느	どこ	どちら

05 위치

 　うえ
　上 위

 　した
　下 아래

 　まえ
　前 앞

 　うしろ
　後ろ 뒤

 　みぎ
　右 오른쪽

 　ひだり
　左 왼쪽

 　なか
　中 안

 　そと
　外 밖

 そば 옆

 　となり
　隣 옆

 　ちか
　近く 근처

 　あいだ
　間 사이

TIP となり
隣 옆: 같은 종류가 같은 방향으로 바로 옆에 있을 때 사용한다.

えき　　　　　　　　　　　　つくえ　　　　　はな　　　　　　　　　　　　　　　　　ねこ
駅 역　　トイレ 화장실　　机 책상　　花 꽃　　いす 의자　　猫 고양이

11　この近くに銀行がありますか

話してみよう

01 다음 예 와 같이 말해 보세요.

> 예 財布 / かばんの中
>
> A: 財布がありますか。　　B: はい、あります。
> A: どこにありますか。　　B: かばんの中にあります。

❶ 車 / 店の前

❷ 本棚 / 机とテレビの間

❸ 犬 / ベッドの上

❹ 田中さん / 木村さんの後ろ

中 안	前 앞	本棚 책장	机 책상	間 사이
犬 개	ベッド 침대	上 위	後ろ 뒤	駅 역
近く 근처	銀行 은행	カラオケ 노래방	花屋 꽃집/화원	本屋 책방/서점

102　NEW すくすく 日本語 ❶

02 다음 예와 같이 말해 보세요.

🎵 Track 39

| 예 | **デパート** | A: デパートはどこにありますか。
B: 駅の近くにあります。 |

❶ 銀行(ぎんこう)

❷ カラオケ

❸ 花屋(はなや)

❹ 田中さん

❺ 本屋(ほんや)

❻ 犬

11 この近(ちか)くに銀行(ぎんこう)がありますか

Track 40

01 다음을 듣고 맞는 것에는 O표, 틀리는 것에는 X표를 하세요.

예 　O

① 　　　　②

③ 　　　　④

02 다음을 듣고 히라가나로 문장을 완성해 보세요.

❶ デパートの　　　　　　に銀行が　　　　　　　　。

❷ 　　　　　　は駅の　　　　に　　　　　　　　　。

❸ キムさん　　　　　中村さんの　　　　に先生が　　　　　　　。

식사 매너

Q 퀴즈 : 일본의 식사 예절에서 맞는 것은 어느 것일까요?

❶ 밥그릇을 들고 먹는다.

❷ 음식을 덜 때는 젓가락을 거꾸로 해서 던다.

❸ 소바나 우동 같은 면류는 소리를 내면서 먹으면 안 된다.

❹ 식사 중간에 젓가락은 그릇 위에 걸쳐 놓는다.

1. 일본에서의 식사예절은 왼손으로는 그릇을, 오른손으로는 젓가락을 드는 것이 기본❤❤
2. 그릇을 들 때는 두 손으로 들어서 왼손으로 옮긴다. 단❤❤ 큰 접시, 평평한 접시, 대접 등 무거운 것은 들지 않는다.

1. 여러 명이 먹는 요리는 [取り皿(とりざら)]라고 하는 개인 접시에 덜어 먹는데, 음식을 덜 때는 개인 젓가락이 아니라, [取り箸(とりばし)]라는 별도의 젓가락을 사용한다.
★ 일본인 중에서도 자신의 젓가락을 사용하는 사람이 있지만, 잘못된 매너이니까 주의하자❤❤❤❤

1. 일본에서는 면류(스파게티 제외)를 먹을 때, 소리를 내면서 먹는 것을 [粋(いき)](멋)으로 여긴다. 특히 소바나 우동 등은 향기를 음미하면서 먹는 음식이므로 소리를 내면서 공기를 함께 먹으면 향기를 제대로 음미할 수 있다. 단, 면류 이외의 음식은 소리를 내지 않도록 주의❤❤

1. 식사중에 젓가락을 놓을 때는 젓가락 받침에 젓가락 끝이 왼쪽으로 가도록 옆으로 놓는다.
★ 젓가락 끝이 상대방쪽으로 가도록 놓는 것은 실례이므로 요주의❤❤❤❤
2. 그릇 위에 젓가락을 걸쳐놓는 것은 식사가 끝났다는 의미지만 예절상 좋지 않다는 것도 알아두자.

12

山田さんは何人家族ですか。
야마다 씨는 몇 명 가족인가요?

ポイント

1. **가족 명칭 익히기**
2. **사람 수, 나이 익히기**
3. **何人家族ですか。**
4. **おいくつですか。**
5. **お母さんはどんな方ですか。**

何人家族 몇 명 가족	4人 4명	父 아버지
母 어머니	姉 언니/누나	お父さん 남의 아버지
どんな 어떤	方 분	背が高い 키가 크다

キム： 山田さんは何人家族ですか。

山田： 4人家族です。父と母と姉がいます。

キム： お父さんは会社員ですか。

山田： いいえ、会社員じゃありません。医者です。

キム： お父さんはどんな方ですか。

山田： 父は背が高くて、真面目な人です。
　　　 キムさんは何人家族ですか。

キム： 私も4人家族です。

覚えよう

01 가족 명칭

우리 가족

남의 가족

そ ふ
祖父 (할아버지)

じ い
お祖父さん

そ ぼ
祖母 (할머니)

ば あ
お祖母さん

ちち
父 (아버지)

とう
お父さん

はは
母 (어머니)

かあ
お母さん

あに
兄 (형/오빠)

にい
お兄さん

あね
姉 (언니/누나)

ねえ
お姉さん

わたし
私 (나)

おとうと
弟 (남동생)

おとうと
弟さん

いもうと
妹 (여동생)

いもうと
妹さん

つま かない
妻/家内 (아내)

おく
奥さん

おっと しゅじん
夫/主人 (남편)

しゅじん
ご主人

むすこ
息子 (아들)

むすこ
息子さん

むすめ
娘 (딸)

むすめ
娘さん

오워보자

02 인원/나이

	인원	나이
1	ひとり 1人	いっさい 1歳
2	ふたり 2人	に さい 2歳
3	さんにん 3人	さんさい 3歳
4	よにん 4人	よんさい 4歳
5	ごにん 5人	ごさい 5歳
6	ろくにん 6人	ろくさい 6歳
7	なにん 7人	ななさい 7歳
8	はちにん 8人	はっさい 8歳
9	きゅうにん 9人	きゅうさい 9歳
10	じゅうにん 10人	じゅっさい 10歳
20	にじゅうにん 20人	はたち 20歳
	なんにん 何人 몇 명	おいくつ 몇 살

03 何人家族ですか。

何人家族ですか。　　　　　　　　　몇 명 가족입니까?
　4人家族です。　　　　　　　　　　4인 가족입니다.

何人兄弟ですか。　　　　　　　　　몇 명 형제입니까?
　2人兄弟です。　　　　　　　　　　2인 형제입니다.

兄弟 형제

覚えよう   오외워보자

04 ～は おいくつですか。　　　－은 몇 살입니까?

お父さんは おいくつですか。　　　아버지는 몇 살입니까?
　57歳です。　　　57세입니다.

娘さんは おいくつですか。　　　따님은 몇 살입니까?
　20歳です。　　　20세입니다.

05 ～は どんな方ですか。　　　－은 어떤 분입니까?

お母さんは どんな方ですか。　　　어머니는 어떤 분입니까?
　母は 優しくて、料理が 上手な 人です。　　　엄마는 상냥하고, 요리를 잘하는 사람입니다.

弟さんは どんな方ですか。　　　남동생은 어떤 분입니까?
　弟は 元気で、明るい 人です。　　　남동생은 건강하고, 밝은 사람입니다.

お父さん (남의) 아버지　　　～歳 ~세　　　娘さん (남의) 딸　　　お母さん (남의) 어머니
母 엄마　　　優しい 상냥하다　　　弟さん (남의) 남동생　　　弟 남동생
父 아버지　　　兄 형/오빠　　　妹 여동생　　　祖母 할머니
姉 언니/누나　　　主人 남편　　　娘 딸　　　息子 아들　　　妻 아내

話してみよう   말해보자

Track 42

01 다음 예 와 같이 말해 보세요.

예 4人(父 / 母 / 兄)

A: 何人家族ですか。
B: 4人家族です。父と母と兄がいます。

❶ 5人(父 / 母 / 妹 / 弟)

❷ 6人(祖母 / 父 / 母 / 姉が2人)

❸ 4人(主人 / 娘 / 息子)

❹ 3人(妻 / 息子)

話してみよう　말해보자

02 다음 예 와 같이 말해 보세요.

예　父 / ゴルフが上手だ / 真面目だ

A: お父さんはどんな方ですか。
B: 父はゴルフが上手で、真面目な人です。

❶ 母 / 優しい / 料理が上手だ

❷ 兄 / 背が高い / おもしろい

❸ 姉 / スポーツが好きだ / 明るい

❹ 妹 / かわいい / 友だちが多い

父 아버지　　ゴルフ 골프　　お父さん (남의) 아버지　　方 분　　母 엄마
優しい 상냥하다　　兄 형/오빠　　姉 언니/누나　　妹 여동생

01 다음을 듣고 ◯ 안에 해당하는 번호를 쓰세요.

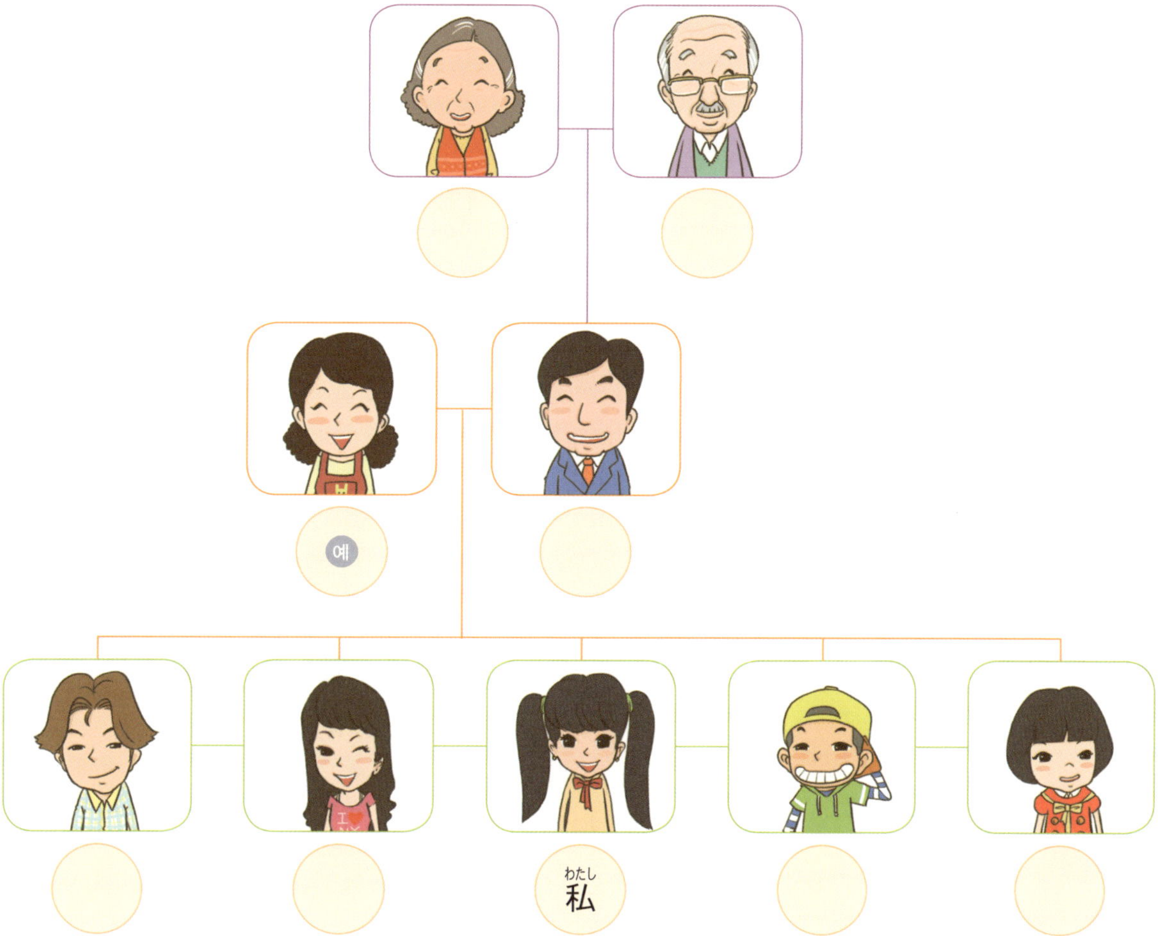

02 다음을 듣고 히라가나로 문장을 완성해 보세요.

❶ 山田さんは _____ ですか。

❷ _____ はどんな _____ ですか。

❸ _____ と _____ と _____ がいます。

読んでみよう ③

私は20歳の大学生です。私の大学はソウルにあります。

私は５人家族です。父と母と姉と弟がいます。

家族はみんな東京にいます。

父は真面目で、少し静かな人です。

母は主婦です。韓国のドラマが好きだから、韓国も大好きです。

姉は私より２つ上です。明るくて、友だちも多いです。

弟は４つ下ですが、私より弟の方が背が高いです。

少しうるさいですが、かわいい弟です。

私は、私の家族が大好きです。

★ 위의 내용과 맞으면 O표, 틀리면 X표를 하세요.

❶ 私の家族はみんなソウルにいます。(　　　　)

❷ 姉は22歳です。(　　　　)

❸ 私は弟より背が高いです。(　　　　)

| みんな 모두 | 少し 조금 | 主婦 주부 | ドラマ 드라마 | ～から ～이기 때문에 |
| ～より ～보다 | ２つ上 2살 위 | ４つ下 4살 아래 | ～の方が ～의 쪽이 | うるさい 시끄럽다 |

방문 예절

Q 퀴즈 : 일본의 방문 예절에서 맞는 것은 어느 것일까요?

❶ 늦지 않도록 약속 시간보다 일찍 간다.

❷ 집 안에 들어갈 때 나가는 방향으로 서서 구두를 벗고 뒤로 들어간다.

❸ 선물을 전달할 때는 현관이 아닌 방에 들어가서 전달한다.

❹ 방석에 앉아서 인사를 한다.

 초대하는 쪽은 준비하느라 바쁘기 때문에 일찍 가는 것은 실례. 초대 시간 정각에 맞추거나, 몇 분 늦게 가는 것이 예의♥♥ 하지만 10분 이상 늦을 때는 반드시 연락하는 것도 잊지 않기♪

 집안에 들어 갈 때 뒤로 돌아서는 것은 실례.
바로 서서 신을 벗고, 그 뒤에 완전히 등을 돌리지 않도록 주의하면서 쪼그리고 앉아서 신발의 방향을 바꾼다. 방해가 되지 않도록 구석에 놓는 센스♪♪

 선물은 먹을 것이나 마실 것 등이 좋다. 전달할 때는 현관이 아닌, 방에 들어가서 건네는 것이 예의♥♥ 그러나 큰 물건이나, 바로 냉장고에 넣어야 하는 것일 때는 예외.
종이 봉투에 들어 있을 때는 봉투에서 꺼내서 상대방 쪽에 정면이 가도록 전달하는 것이 바른 예절.

 일본식 방에서는 우선 방석 옆의 다다미 위에 앉아서 인사를 하고, 그 후에 방석에 앉도록♥♥
서서 인사를 하는 것은 실례♥♥♥♥ 또 방석 위에 서거나, 맘대로 방석 위치를 바꾸는 것도 실례♥♥♥
문지방이나 다다미 가장자리나 이음선 등을 밟는 것도 실례이므로 주의하자.

해석

01 회화문

김민수: 처음 뵙겠습니다. 김민수입니다.
야마다: 처음 뵙겠습니다. 야마다입니다.
　　　　아무쪼록 잘 부탁드립니다.
김민수: 저야말로 잘 부탁드립니다.

02 회화문

야마다: 김민수 씨, 안녕하세요.
김민수: 안녕하세요.
야마다: 김민수 씨의 직업은 무엇입니까?
김민수: 회사원입니다.
　　　　야마다 씨도 회사원이세요?
야마다: 아니오, 회사원이 아닙니다. 대학생입니다.

03 회화문

야마다: 김민수 씨, 그것은 무엇입니까?
김민수: 이것은 컴퓨터입니다.
야마다: 김민수 씨의 컴퓨터입니까?
김민수: 예, 제 것입니다.
야마다: 한국 컴퓨터입니까?
김민수: 아니오, 한국 컴퓨터가 아닙니다.
　　　　일본 컴퓨터입니다.

04 회화문

야마다: 김민수 씨, 지금 몇 시입니까?
김민수: 4시 반입니다.
야마다: 도서관은 몇 시부터 몇 시까지입니까?
김민수: 오전 9시부터 오후 10시까지입니다.
야마다: 여기에서 도서관까지 몇 분입니까?
김민수: 15분입니다.

05 회화문

김민수: 야마다 씨, 학교는 집에서 멉니까?
야마다: 아니오, 멀지 않습니다. 가깝습니다.
김민수: 한국인 친구가 많습니까?
야마다: 예, 많습니다.
김민수: 한국어 공부는 어렵지 않습니까?
야마다: 그렇네요.
　　　　조금 어렵지만, 재미있습니다.

06 회화문

야마다: 이 하얀 휴대폰은 김민수 씨의 것입니까?
김민수: 예, 그것은 제 것입니다.
야마다: 가볍고 좋네요.
김민수: 그렇습니까? 하지만, 낡았어요.
　　　　야마다 씨의 휴대폰은 어떻습니까?
야마다: 제 휴대폰은 새롭지만, 무겁습니다.

07 회화문

야마다: 여기는 매우 번화하네요.
김민수: 그렇네요. 사람도 많고 재미있는 거리군요.
야마다: 노래방도 많네요.
김민수: 야마다 씨는 노래방을 좋아하세요?
야마다: 예, 좋아합니다만, 노래는 그다지 잘하지 않습니다.
김민수: 그렇습니까? 저도 노래를 못합니다.

08 회화문

야마다: 깨끗한 레스토랑이네요.
김민수: 예, 여기는 아주 유명합니다.
야마다: 어떤 요리가 맛있습니까?
김민수: 초밥이 신선하고 맛있습니다.
야마다: 김민수 씨는 초밥을 좋아합니까?
김민수: 예, 아주 좋아합니다.
　　　　하지만, 고추냉이는 별로 좋아하지 않습니다.
야마다: 어째서요?
김민수: 맵기 때문입니다.

09 회화문

야마다: 한국의 겨울은 매우 춥네요.
김민수: 그렇습니까? 동경과 서울과 어느 쪽이 춥습니까?
야마다: 동경보다 서울 쪽이 춥습니다.
김민수: 야마다 씨는 계절 중에서 언제를 가장 좋아합니까?

야마다: 저는 봄을 제일 좋아합니다.
　　　　 김민수 씨는 언제를 가장 좋아합니까?
김민수: 수영을 좋아하기 때문에 여름을 가장 좋아합니다.

10 회화문

점원　 : 어서 오십시오.
야마다: 저기요. 이 가방은 얼마입니까?
점원　 : 5600엔입니다.
야마다: 그렇습니까? 조금 비싸네요.
점원　 : 그러면 저것은 어떻습니까?
　　　　 이 가방보다 싸고 좋습니다.
야마다: 저것은 얼마입니까?
점원　 : 3800엔입니다. 크고 아주 편리합니다.
야마다: 그러면 저것 하나 주세요.
점원　 : 감사합니다.

11 회화문

야마다: 실례합니다. 이 근처에 은행이 있습니까?
통행인: 은행이요? 아, 서점 2층에 있습니다.
야마다: 서점 2층이요?
　　　　 죄송하지만, 서점은 어디예요?
통행인: 저기에 백화점이 있지요.
　　　　 그 옆이 서점입니다.
야마다: 백화점 옆이 서점이군요.
통행인: 예, 그 위에 은행이 있습니다.
야마다: 그렇습니까? 감사합니다.

12 회화문

김민수: 야마다 씨는 몇 명 가족입니까?
야마다: 4인 가족입니다. 아버지와 어머니와 언니가
　　　　 있어요.
김민수: 아버지는 회사원입니까?
야마다: 아니오, 회사원이 아닙니다. 의사입니다.
김민수: 아버지는 어떤 분이세요?
야마다: 아버지는 키가 크고, 성실한 사람입니다.
　　　　 김민수 씨는 몇 명 가족입니까?
김민수: 저도 4인 가족입니다.

읽어보자 ①

안녕하세요. 처음뵙겠습니다. 김민수입니다.
저는 한국인입니다. 아무쪼록 잘 부탁합니다.
저는 회사원입니다. 저것은 저의 회사입니다.
역에서 회사까지 15분입니다.
저의 회사는 한국 회사가 아닙니다.
일본 회사입니다.
일은 오전 9시부터 오후 6시까지입니다.
점심시간은 12시부터 1시까지입니다.

★ 확인하기 정답 ❶ ○　❷ X　❸ ○

읽어보자 ②

저는 일본을 아주 좋아합니다.
일본 요리도, 일본인도 아주 좋아하기 때문입니다.
일본 요리는 조금 비싸지만, 맛있습니다.
일본인은 아주 친절합니다.
우리 반의 선생님도 친절하고 좋습니다.
그리고 저는 일본 드라마도 좋아합니다.
일본 드라마는 스토리가 좋고, 재미있기 때문입니다.
지금은 일본어가 서툴기 때문에, 조금 어렵습니다.
하지만, 일본어 공부는 재미있기 때문에 좋아합니다.

★ 확인하기 정답 ❶ ○　❷ ○　❸ X

읽어보자 ③

저는 20세의 대학생입니다.
저의(제가 다니는) 대학은 서울에 있습니다.
저는 5인 가족입니다.
아버지와 엄마와 언니와 남동생이 있습니다.
가족은 모두 동경에 있습니다.
아버지는 성실하고, 조금 조용한 사람입니다.
엄마는 주부입니다. 한국 드라마를 좋아하기 때문에
한국도 아주 좋아합니다.
언니는 저보다 2살 위입니다. 밝고, 친구도 많습니다.
남동생은 4살 아래입니다만, 저보다 남동생 쪽이 키가
큽니다.
조금 시끄럽습니다만, 귀여운 남동생입니다.
저는 저의 가족을 아주 좋아합니다.

★ 확인하기 정답 ❶ X　❷ ○　❸ X

정답 및 스크립트

01 はじめまして。

말해보자

01

① A: すみません。
　 B: いいえ、だいじょうぶです。

② A: どうも、ありがとうございます。
　 B: いいえ、どういたしまして。

③ A: いってきます。
　 B: いってらっしゃい。

④ A: お元気ですか。
　 B: はい、おかげさまで。

⑤ A: ただいま。
　 B: お帰りなさい。

들어보자

01

① X　② O　③ X　④ O

예 A: お元気ですか。
　 B: はい、おかげさまで。

① A: どうもありがとうございます。
　 B: いいえ、だいじょうぶです。

② A: ただいま。
　 B: お帰りなさい。

③ A: すみません。
　 B: いいえ、どういたしまして。

④ A: いってきます。
　 B: いってらっしゃい。

02

① はじめまして　② ありがとうございます
③ こちらこそ

① はじめまして、山田です。
② どうも、ありがとうございます。
③ こちらこそ、どうぞよろしくお願いします。

02 私は大学生です。

말해보자

01

❶ A: 会社員？
　B: うん、会社員。
　　 ううん、会社員じゃない。
　A: 会社員ですか。
　B: はい、会社員です。
　　 いいえ、会社員じゃないです。
　　 いいえ、会社員じゃありません。

❷ A: 歌手？
　B: うん、歌手。
　　 ううん、歌手じゃない。
　A: 歌手ですか。
　B: はい、歌手です。
　　 いいえ、歌手じゃないです。
　　 いいえ、歌手じゃありません。

❸ A: 韓国人？
　B: うん、韓国人。
　　 ううん、韓国人じゃない。
　A: 韓国人ですか。
　B: はい、韓国人です。
　　 いいえ、韓国人じゃないです。
　　 いいえ、韓国人じゃありません。

❹ A: 中国人？
　B: うん、中国人。
　　 ううん、中国人じゃない。
　A: 中国人ですか。
　B: はい、中国人です。
　　 いいえ、中国人じゃないです。
　　 いいえ、中国人じゃありません。

02

❶ A: 田中さんは大学生ですか。
　B: はい、大学生です。
　　 いいえ、大学生じゃありません。
　　 高校生です。

❷ A: 鈴木さんは医者ですか。
　B: はい、医者です。
　　 いいえ、医者じゃありません。
　　 会社員です。

❸ A: あなたは中国人ですか。
　B: はい、中国人です。
　　 いいえ、中国人じゃありません。
　　 日本人です。

❹ A: あなたはフランス人ですか。
　B: はい、フランス人です。
　　 いいえ、フランス人じゃありません。
　　 ドイツ人です。

정답 및 스크립트

들어보자

01
❶ d ❷ f ❸ c ❹ a

예 A: 佐藤さんは会社員ですか。
　　B: いいえ、会社員じゃありません。
　　　 先生です。

❶ A: 木村さんは先生ですか。
　　B: いいえ、医者です。

❷ A: 田中さんは歌手ですか。
　　B: はい、歌手です。

❸ A: キムさんは大学生ですか。
　　B: はい、大学生です。

❹ A: 中村さんは医者ですか。
　　B: いいえ、医者じゃありません。
　　　 会社員です。

02
❶ かいしゃいん ❷ だいがくせい
❸ わたし / じゃありません

❶ 彼はかいしゃいんです。
❷ あなたはだいがくせいですか。
❸ わたしはかんこくじんじゃありません。

03 これは日本のパソコンです。

말해보자

01
❶ A: これは電話ですか。
　　B: はい、(それは)電話です。
　　　 いいえ、(それは)電話じゃありません。
　　　 時計です。

❷ A: それは本ですか。
　　B: はい、(これは)本です。
　　　 いいえ、(これは)本じゃありません。
　　　 辞書です。

❸ A: それはケータイですか。
　　B: はい、(これは)ケータイです。
　　　 いいえ、(これは)ケータイじゃありません。
　　　 カメラです。

❹ A: あれは新聞ですか。
　　B: はい、(あれは)新聞です。
　　　 いいえ、(あれは)新聞じゃありません。
　　　 雑誌です。

02
❶ A: これは何ですか。
　　B: それはくつです。
　　A: あなたのくつですか。
　　B: いいえ、私のくつじゃありません。
　　　 キムさんのです。

❷ A: それは何ですか。
　　B: これはパソコンです。
　　A: あなたのパソコンですか。
　　B: いいえ、私のパソコンじゃありません。
　　　 イさんのです。

❸ A: それは何ですか。
　　B: これはぼうしです。
　　A: あなたのぼうしですか。

B: いいえ、私のぼうしじゃありません。
佐藤さんのです。

④ A: あれは何ですか。
B: あれはめがねです。
A: あなたのめがねですか。
B: いいえ、私のめがねじゃありません。
鈴木さんのです。

들어보자

01

❶ a　❷ f　❸ b　❹ c

(예) A: これはあなたのケータイですか。
B: はい、私のです。

❶ A: それは中村さんのくつですか。
B: いいえ、田中さんのくつです。

❷ A: これは木村さんの財布ですか。
B: はい、木村さんのです。

❸ A: あれは先生の傘ですか。
B: いいえ、先生の傘じゃありません。
中村さんのです。

❹ A: それは田中さんの雑誌ですか。
B: いいえ、先生のです。

02

❶ とけい　❷ の / しんぶん　❸ わたしの

❶ これはとけいです。
❷ それは日本のしんぶんですか。
❸ あれはわたしのじゃありません。

04 図書館は何時から何時までですか。

말해보자

01

❶ A: 今、何時ですか。
B: 11時(じゅういちじ)です。

❷ A: 今、何時ですか。
B: 6時5分(ろくじごふん)です。

❸ A: 今、何時ですか。
B: 9時25分(くじにじゅうごふん)です。

❹ A: 今、何時ですか。
B: 4時10分(よじじゅっぷん)です。

❺ A: 今、何時ですか。
B: 8時45分(はちじよんじゅうごふん)です。

❻ A: 今、何時ですか。
B: 1時55分(いちじごじゅうごふん)です。

❼ A: 今、何時ですか。
B: 12時30分(じゅうにじさんじゅっぷん)です。(じゅうにじはんです。)

❽ A: 今、何時ですか。
B: 7時15分(しちじじゅうごふん)です。

02

❶ A: 昼休みは何時から何時までですか。
B: 12時(じゅうに じ)から1時(いちじ)までです。

❷ A: テストは何時から何時までですか。
B: 4時(よじ)から7時(しちじ)までです。

❸ A: デパートは何時から何時までですか。
B: 10時30分(じゅうじさんじゅっぷん)から8時(はちじ)までです。

❹ A: 授業は何時から何時までですか。
B: 9時30分(くじさんじゅっぷん)から11時(じゅういちじ)までです。

정답 및 스크립트

들어보자

01
❶ X ❷ O ❸ X

예 A : 今、何時ですか。
　　B : よじです。

❶ A : 今、何時ですか。
　　B : ななじじゅうごふんです。

❷ A : 今、何時ですか。
　　B : じゅういちじはんです。

❸ A : 今、何時ですか。
　　B : きゅうじじゅっぷんです。

02
❶ 7:00 ~ 11:00　❷ 10:30 ~ 8:00
❸ 3:00 ~ 4:40

예 A : 会社は何時から何時までですか。
　　B : くじからろくじまでです。

❶ A : 図書館は何時から何時までですか。
　　B : しちじからじゅういちじまでです。

❷ A : デパートは何時から何時までですか。
　　B : じゅうじさんじゅっぷんからはちじ
　　　までです。

❸ A : 授業は何時から何時までですか。
　　B : さんじからよじよんじゅっぷんまでです。

05 学校はうちから遠いですか。

말해보자

01
❶ A : 暑い？
　　B : うん、暑い。
　　　ううん、暑くない。

　　A : 暑いですか。
　　B : はい、暑いです。
　　　いいえ、暑くないです。
　　　いいえ、暑くありません。

❷ A : おいしい？
　　B : うん、おいしい。
　　　ううん、おいしくない。

　　A : おいしいですか。
　　B : はい、おいしいです。
　　　いいえ、おいしくないです。
　　　いいえ、おいしくありません。

❸ A : かわいい？
　　B : うん、かわいい。
　　　ううん、かわいくない。

　　A : かわいいですか。
　　B : はい、かわいいです。
　　　いいえ、かわいくないです。
　　　いいえ、かわいくありません。

❹ A : いい？
　　B : うん、いい。
　　　ううん、よくない。

　　A : いいですか。
　　B : はい、いいです。
　　　いいえ、よくないです。
　　　いいえ、よくありません。

02

❶ A: 日本語は難しいですか。
　　B: はい、難しいです。
　　　 いいえ、難しくありません。易しいです。

❷ A: 今日は寒いですか。
　　B: はい、寒いです。
　　　 いいえ、寒くありません。暑いです。

❸ A: キムさんのテレビは大きいですか。
　　B: はい、大きいです。
　　　 いいえ、大きくありません。小さいです。

❹ A: 田中さんのケータイは新しいですか。
　　B: はい、新しいです。
　　　 いいえ、新しくありません。古いです。

들어보자

01
❶ X　**❷** O　**❸** O　**❹** O　**❺** O　**❻** X

예 A: このかばんは高いですか。
　　　B: はい、高いです。

❶ A: この本は易しいですか。
　　　B: はい、易しいです。

❷ A: 山田さんのケータイは新しいですか。
　　　B: いいえ、新しくありません。
　　　　 古いです。

❸ A: 銀行は学校から遠いですか。
　　　B: いいえ、近いです。

❹ A: 仕事が多いですか。
　　　B: はい、多いです。

❺ A: 会社は忙しいですか。
　　　B: いいえ、忙しくありません。

❻ A: 今日は天気がいいですか。
　　　B: いいえ、よくありません。悪いです。

02
❶ かんじ / おおい　　**❷** きょう / よく
❸ しごと / いそがしいですが

❶ かんじがおおいです。
❷ きょうはてんきがよくありません。
❸ しごとはいそがしいですがおもしろいです。

정답 및 스크립트 | 123

06 この白いケータイは軽くていいですね。

말해보자

01
① A : どんな傘ですか。
　 B : 赤い傘です。

② A : どんな映画ですか。
　 B : 怖い映画です。

③ A : どんな人ですか。
　 B : 背が高い人です。

④ A : どんな本ですか。
　 B : 漢字が多い本です。

02
① A : このケーキはどうですか。
　 B : 甘くて、おいしいです。

② A : そのパソコンはどうですか。
　 B : 小さくて、軽いです。

③ A : あの店はどうですか。
　 B : 狭くて、うるさいです。

④ A : 山田さんはどうですか。
　 B : 明るくて、おもしろいです。

들어보자

01
① a, c　② a, c　③ a, d

例 A : そのかばんはどうですか。
　 B : 小さくて、安いです。

① A : その部屋はどうですか。
　 B : 明るくて、広いです。

② A : どんな料理ですか。
　 B : おいしいですが、辛い料理です。

③ A : どんなケータイですか。
　 B : 新しいですが、重いケータイです。

02
① かわいい　② りょうり / どう

③ あかるくて

① これはかわいい財布です。
② このりょうりはどうですか。
③ あの部屋はあかるくて広いです。

07 カラオケが好きですか。

말해보자

01

① A: 有名?
　 B: うん、有名。
　　　ううん、有名じゃない。
　 A: 有名ですか。
　 B: はい、有名です。
　　　いいえ、有名じゃないです。
　　　いいえ、有名じゃありません。

② A: 便利?
　 B: うん、便利。
　　　ううん、便利じゃない。
　 A: 便利ですか。
　 B: はい、便利です。
　　　いいえ、便利じゃないです。
　　　いいえ、便利じゃありません。

③ A: 暇?
　 B: うん、暇。
　　　ううん、暇じゃない。
　 A: 暇ですか。
　 B: はい、暇です。
　　　いいえ、暇じゃないです。
　　　いいえ、暇じゃありません。

④ A: 静か?
　 B: うん、静か。
　　　ううん、静かじゃない。
　 A: 静かですか。
　 B: はい、静かです。
　　　いいえ、静かじゃないです。
　　　いいえ、静かじゃありません。

02

① A: その店はきれいですか。
　 B: はい、とてもきれいです。
　　　いいえ、あまりきれいじゃありません。

② A: キムさんはスポーツが好きですか。
　 B: はい、とても好きです。
　　　いいえ、あまり好きじゃありません。

③ A: 先生は親切ですか。
　 B: はい、とても親切です。
　　　いいえ、あまり親切じゃありません。

④ A: 山田さんは歌が上手ですか。
　 B: はい、とても上手です。
　　　いいえ、あまり上手じゃありません。

정답 및 스크립트

들어보자

01
① X ② X ③ ○ ④ ○ ⑤ X ⑥ X

예　A：あのデパートは有名ですか。
　　B：はい、とても有名です。

① A：山田さんは歌が上手ですか。
　 B：いいえ、上手じゃありません。
　　　とても下手です。

② A：今日は暇ですか。
　 B：はい、暇です。

③ A：キムさんの部屋は静かですか。
　 B：いいえ、あまり静かじゃありません。

④ A：このパソコンは便利ですか。
　 B：いいえ、不便です。

⑤ A：東京は賑やかですか。
　 B：はい、とても賑やかです。

⑥ A：パクさんの車は丈夫ですか。
　 B：いいえ、あまり丈夫じゃありません。

02
① きれい　② が / じょうず　③ ゆうめい

① その店は**きれい**です。
② 日本語**がじょうず**ですか。
③ この歌は**ゆうめい**じゃありません。

08 きれいなレストランですね。

말해보자

01
① A：どんな車ですか。
　 B：丈夫な車です。

② A：どんな公園ですか。
　 B：きれいな公園です。

③ A：どんな仕事ですか。
　 B：大変な仕事です。

④ A：どんな人ですか。
　 B：スポーツが好きな人です。

02
① A：キムさんはどうですか。
　 B：真面目で、日本語が上手です。

② A：このさしみはどうですか。
　 B：新鮮で、おいしいです。

③ A：ソウルの地下鉄はどうですか。
　 B：便利で、速いです。

④ A：山田さんの子どもはどうですか。
　 B：元気で、明るいです。

03
① A：あの店が好きです。
　 B：どうしてですか。
　 A：きれいで、料理がおいしいからです。

② A：山田さんが好きです。
　 B：どうしてですか。
　 A：スポーツが上手で、ハンサムだからです。

③ A：パクさんが好きです。
　 B：どうしてですか。
　 A：明るくて、親切だからです。

❹ A： りんごが好きです。
　　B： どうしてですか。
　　A： 甘くて、おいしいからです。

듣어보자

01
❶ a, d　❷ b, c　❸ a, c

예　A： あの人はどうですか。
　　B： 真面目で、日本語が上手です。

❶ A： 日本語の先生はどうですか。
　　B： ハンサムで、背が高いです。

❷ A： どんなさしみですか。
　　B： 高いですが、新鮮なさしみです。

❸ A： どんな仕事ですか。
　　B： 大変ですが、おもしろい仕事です。

02
❶ りっぱな　❷ にぎやかで
❸ しんせつだから

❶ キムさんは りっぱな 医者です。
❷ 東京は にぎやかで 人が多いです。
❸ 先生は しんせつだから 好きです。

09 東京とソウルとどちらが寒いですか。

말해보자

01
❶ A： 漢字とカタカナとどちらが簡単ですか。
　　B： (漢字より)カタカナの方が簡単です。

❷ A： スキーと水泳とどちらが上手ですか。
　　B： (水泳より)スキーの方が上手です。

❸ A： りんごとメロンとどちらが高いですか。
　　B： (りんごより)メロンの方が高いです。

❹ A： ビールと焼酎とどちらがおいしいですか。
　　B： (焼酎より)ビールの方がおいしいです。

❺ A： 日本とアメリカとどちらが韓国から遠いですか。
　　B： (日本より)アメリカの方が遠いです。

02
❶ A： 乗り物の中で何が一番速いですか。
　　B： 飛行機が一番速いです。

❷ A： 友だちの中で誰が一番真面目ですか。
　　B： 田中さんが一番真面目です。

❸ A： 日本の中でどこが一番有名ですか。
　　B： 東京が一番有名です。

❹ A： 季節の中でいつが一番嫌いですか。
　　B： 夏が一番嫌いです。

정답 및 스크립트

들어보자

01
❶ b ❷ b ❸ c

예 A : 山登りと水泳とどちらがおもしろいですか。
　　B :（水泳より）山登りの方がおもしろいです。

❶ A : 漢字とカタカナとどちらが簡単ですか。
　　B :（漢字より）カタカナの方が簡単です。

❷ A : 果物の中で何が一番おいしいですか。
　　B : ももが一番おいしいです。

❸ A : 季節の中でいつが一番好きですか。
　　B : 冬が一番好きです。

02
❶ と / と / どちら　　❷ より / のほう
❸ なか / なに / いちばん

❶ 日本語と英語とどちらが難しいですか。
❷ ぶどうよりいちごのほうがおいしいです。
❸ 乗り物のなかでなにがいちばん速いですか。

10 このかばんはいくらですか。

말해보자

01
❶ A : おにぎりください。
　　B : いくつですか。
　　A : 6つください。

❷ A : ラーメンください。
　　B : いくつですか。
　　A : 2つください。

❸ A : ホットコーヒーください。
　　B : いくつですか。
　　A : 1つください。

❹ A : コーラください。
　　B : いくつですか。
　　A : 4つください。

02
❶ A : ハンバーガーはいくらですか。
　　B : 390円(さんびゃくきゅうじゅうえん)です。

❷ A : サラダはいくらですか。
　　B : 570円(ごひゃくななじゅうえん)です。

❸ A : 辞書はいくらですか。
　　B : 1900円(せんきゅうひゃくえん)です。

❹ A : めがねはいくらですか。
　　B : 3600円(さんぜんろっぴゃくえん)です。

❺ A : 時計はいくらですか。
　　B : 18000円(いちまんはっせんえん)です。

❻ A : テレビはいくらですか。
　　B : 46800円(よんまんろくせんはっぴゃくえん)です。

03

❶ 店員 ：いらっしゃいませ。
　　客　 ：ボールペンはいくらですか。
　　店員 ：90円(きゅうじゅうえん)です。
　　客　 ：ノートはいくらですか。
　　店員 ：120円(ひゃくにじゅうえん)です。
　　客　 ：ボールペンとノートください。
　　店員 ：はい、全部で210円(にひゃくじゅうえん)です。
　　客　 ：じゃあ、これでお願いします。
　　店員 ：ありがとうございます。

❷ 店員 ：いらっしゃいませ。
　　客　 ：ぼうしはいくらですか。
　　店員 ：840円(はっぴゃくよんじゅうえん)です。
　　客　 ：傘はいくらですか。
　　店員 ：1600円(せんろっぴゃくえん)です。
　　　　　ぼうしと傘ください。
　　店員 ：はい、全部で2440円(にせんよんひゃくよんじゅうえん)です。
　　客　 ：じゃあ、これでお願いします。
　　店員 ：ありがとうございます。

들어보자

01
❶ O **❷** O **❸** X

예　コーラ ひとつ ください。

❶ おにぎり いつつ ください。
❷ ケーキ ふたつ ください。
❸ コーヒー よっつ ください。

02
❶ 350円　**❷** 240円　**❸** 2800円
❹ 16000円　**❺** 69800円

예　A：いらっしゃいませ。
　　B：すみません、このケーキはいくらですか。
　　A：400円です。

❶ A：いらっしゃいませ。
　　B：すみません、コーヒーはいくらですか。
　　A：350円です。

❷ A：いらっしゃいませ。
　　B：すみません、ボールペンはいくらですか。
　　A：どのボールペンですか。
　　B：この赤いボールペンです。
　　A：あ、それは240円です。

❸ A：いらっしゃいませ。
　　B：すみません、傘はいくらですか。
　　A：長い傘ですか、短い傘ですか。
　　B：短いほうです。
　　A：これですね。これは2800円です。
　　B：じゃあ、それください。

❹ A：いらっしゃいませ。
　　B：すみません、それ、いくらですか。
　　A：どれですか。
　　B：その白くて小さい時計です。

정답 및 스크립트

A : あ、これですね。16000円です。
B : そうですか。じゃあ、ひとつください。

⑤ A : いらっしゃいませ。
B : わぁ、いいテレビですね。
A : はい、これは一番新しいテレビです。
B : そうですか。それ、いくらですか。
A : 69800円です。
B : じゃあ、それひとつください。

11 この近くに銀行がありますか。

말해보자

01

① A : 車がありますか。
B : はい、あります。
A : どこにありますか。
B : 店の前にあります。

② A : 本棚がありますか。
B : はい、あります。
A : どこにありますか。
B : 机とテレビの間にあります。

③ A : 犬がいますか。
B : はい、います。
A : どこにいますか。
B : ベッドの上にいます。

④ A : 田中さんがいますか。
B : はい、います。
A : どこにいますか。
B : 木村さんの後ろにいます。

02

① A : 銀行はどこにありますか。
B : デパートの隣にあります。

② A : カラオケはどこにありますか。
B : 銀行の上にあります。

③ A : 花屋はどこにありますか。
B : デパートの中にあります。

④ A : 田中さんはどこにいますか。
B : コンビニの前にいます。

⑤ A : 本屋はどこにありますか。
B : 駅とコンビニの間にあります。

⑥ A : 犬はどこにいますか。
B : 田中さんのそばにいます。

12 山田さんは何人家族ですか。

들어보자

01

❶ X ❷ X ❸ X ❹ O

(예) A：本棚はどこにありますか。
B：ベッドのそばにあります。

❶ A：日本語の辞書はどこにありますか。
B：いすの上にあります。

❷ A：猫はどこにいますか。
B：いすの下にいます。

❸ A：犬はどこにいますか。
B：本棚の前にいます。

❹ A：時計はどこにありますか。
B：本棚の中にあります。

02

❶ となり / あります
❷ ほんや / ちかく / あります
❸ と / あいだ / います

❶ デパートのとなりに銀行があります。
❷ ほんやは駅のちかくにあります。
❸ キムさんと中村さんのあいだに先生がいます。

말해보자

01

❶ A：何人家族ですか。
B：5人家族です。父と母と妹と弟がいます。

❷ A：何人家族ですか。
B：6人家族です。祖母と父と母と姉が2人います。

❸ A：何人家族ですか。
B：4人家族です。主人と娘と息子がいます。

❹ A：何人家族ですか。
B：3人家族です。妻と息子がいます。

02

❶ A：お母さんはどんな方ですか。
B：母は優しくて、料理が上手な人です。

❷ A：お兄さんはどんな方ですか。
B：兄は背が高くて、おもしろい人です。

❸ A：お姉さんはどんな方ですか。
B：姉はスポーツが好きで、明るい人です。

❹ A：妹さんはどんな方ですか。
B：妹はかわいくて、友だちが多い人です。

정답 및 스크립트

들어보자

01

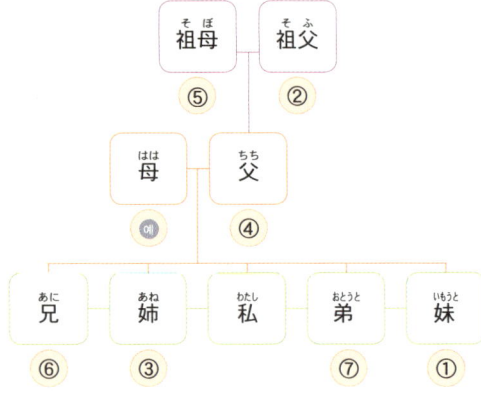

例 A: 私の母です。料理が上手です。
　　B: 料理が上手なお母さんですか。
　　　 いいですね。

❶ A: 私の妹です。
　　B: 妹さんですか。かわいいですね。

❷ A: 私の祖父です。
　　B: お祖父さんはおいくつですか。
　　A: 79歳です。

❸ A: 姉です。
　　B: お姉さんですか。きれいですね。

❹ A: 私の父です。
　　B: お父さんですか。ハンサムですね。

❺ A: 私の祖母です。とても優しいです。
　　B: 優しいお祖母さんですか。いいですね。

❻ A: 私の兄です。
　　B: お兄さんですか。お兄さんは会社員ですか。

A: いいえ、会社員じゃありません。
　　銀行員です。

❼ A: 私の弟です。明るくてスポーツが好きです。
　　B: そうですか。弟さんは高校生ですか。
　　A: はい、高校生です。

02

❶ なんにんかぞく　❷ おにいさん / かた
❸ ちち / はは / いもうと

❶ 山田さんはなんにんかぞくですか。
❷ おにいさんはどんなかたですか。
❸ ちちとははといもうとがいます。

일본어 글씨본

✏️ 히라가나 청음

あ [a]					

い [i]					

う [u]					

え [e]					

お [o]					

か [ka]

き [ki]

く [ku]

け [ke]

こ [ko]

さ [sa]

し [si]

す [su]

せ [se]

そ [so]

た
[ta]

ち
[chi]

つ
[tsu]

て
[te]

と
[to]

| な [na] | | | | | |

| に [ni] | | | | | |

| ぬ [nu] | | | | | |

| ね [ne] | | | | | |

| の [no] | | | | | |

は
[ha]

ひ
[hi]

ふ
[hu]

へ
[he]

ほ
[ho]

ま [ma]

み [mi]

む [mu]

め [me]

も [mo]

や
[ya]

い
[i]

ゆ
[yu]

え
[e]

よ
[yo]

| ら [ra] | | | | | |

| り [ri] | | | | | |

| る [ru] | | | | | |

| れ [re] | | | | | |

| ろ [ro] | | | | | |

히라가나 탁음

が [ga]					
ぎ [gi]					
ぐ [gu]					
げ [ge]					
ご [go]					

ざ
[za]

じ
[zi]

ず
[zu]

ぜ
[ze]

ぞ
[zo]

だ [da]					

ぢ [zi]					

づ [zu]					

で [de]					

ど [do]					

| ば [ba] | | | | | |

| び [bi] | | | | | |

| ぶ [bu] | | | | | |

| べ [be] | | | | | |

| ぼ [bo] | | | | | |

히라가나 반탁음

ぱ [pa]					
ぴ [pi]					
ぷ [pu]					
ぺ [pe]					
ぽ [po]					

히라가나 요음

きゃ [kya]					
きゅ [kyu]					
きょ [kyo]					
しゃ [sya]					
しゅ [syu]					
しょ [syo]					

ちゃ [cha]					
ちゅ [chu]					
ちょ [cho]					
にゃ [nya]					
にゅ [nyu]					
にょ [nyo]					

| ひゃ [hya] |
| ひゅ [hyu] |
| ひょ [hyo] |
| みゃ [mya] |
| みゅ [myu] |
| みょ [myo] |

りゃ [rya]					
りゅ [ryu]					
りょ [ryo]					
ぎゃ [gya]					
ぎゅ [gyu]					
ぎょ [gyo]					

ぴゃ [pya]					

ぴゅ [pyu]					

ぴょ [pyo]					

카타카나의 청음

ア [a]

イ [i]

ウ [u]

エ [e]

オ [o]

| カ [ka] | | | | | |

| キ [ki] | | | | | |

| ク [ku] | | | | | |

| ケ [ke] | | | | | |

| コ [ko] | | | | | |

サ
[sa]

シ
[si]

ス
[su]

セ
[se]

ソ
[so]

タ [ta]

チ [chi]

ツ [tsu]

テ [te]

ト [to]

ナ
[na]

ニ
[ni]

ヌ
[nu]

ネ
[ne]

ノ
[no]

ハ [ha]

ヒ [hi]

フ [hu]

ヘ [he]

ホ [ho]

マ [ma]

ミ [mi]

ム [mu]

メ [me]

モ [mo]

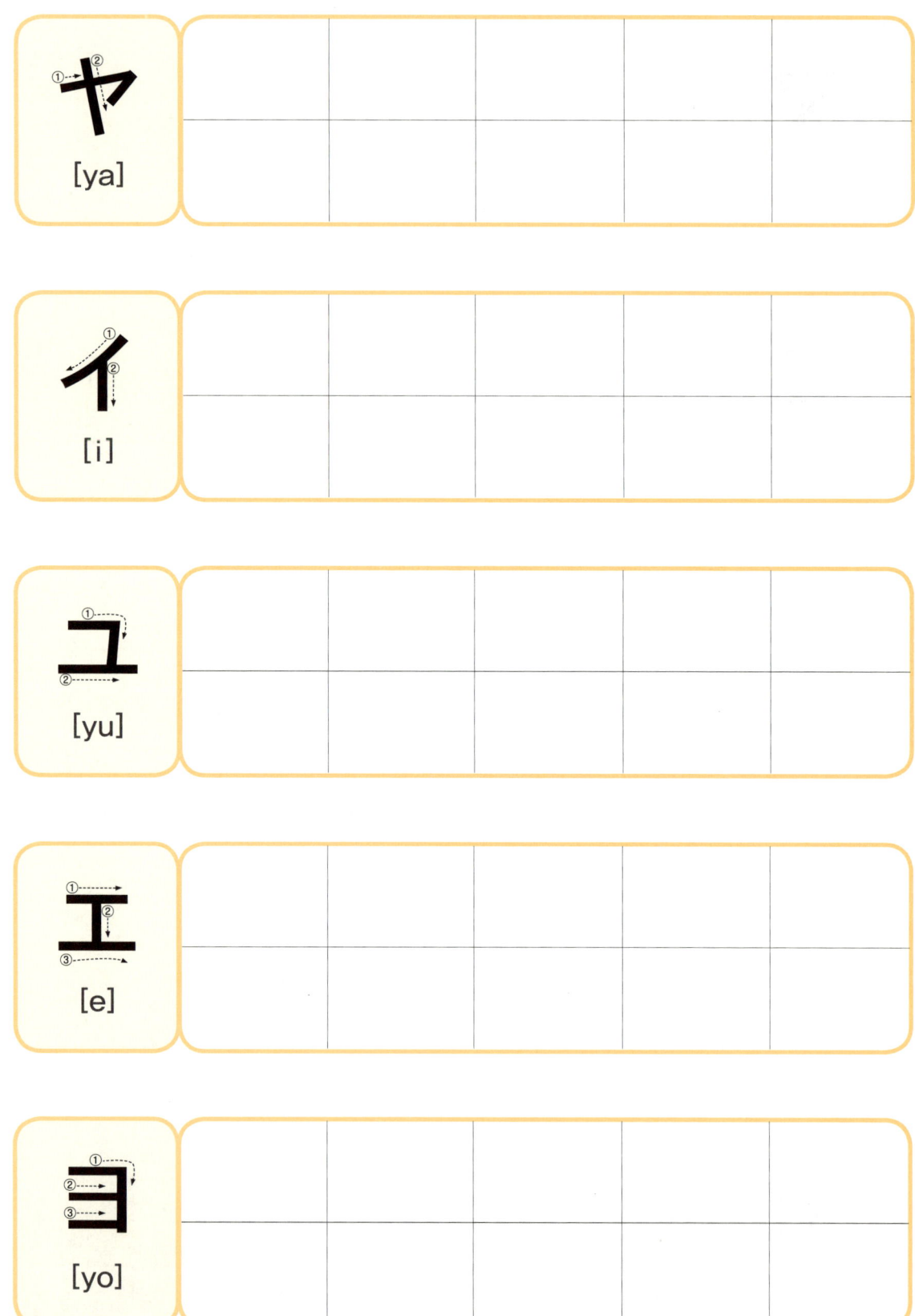

ラ [ra]

リ [ri]

ル [ru]

レ [re]

ロ [ro]

ワ [wa]					
イ [i]					
ウ [u]					
エ [e]					
ヲ [wo]					
ン [ŋ]					

카타카나의 탁음

ガ [ga]

ギ [gi]

グ [gu]

ゲ [ge]

ゴ [go]

ザ [za]					

ジ [zi]					

ズ [zu]					

ゼ [ze]					

ゾ [zo]					

ダ [da]					

ヂ [zi]					

ヅ [zu]					

デ [de]					

ド [do]					

| バ [ba] | | | | | |

| ビ [bi] | | | | | |

| ブ [bu] | | | | | |

| ベ [be] | | | | | |

| ボ [bo] | | | | | |

카타카나의 반탁음

パ [pa]

ピ [pi]

プ [pu]

ペ [pe]

ポ [po]

카타카나의 요음

| キャ [kya] |
| キュ [kyu] |
| キョ [kyo] |
| シャ [sya] |
| シュ [syu] |
| ショ [syo] |

チャ [cha]					
チュ [chu]					
チョ [cho]					
ニャ [nya]					
ニュ [nyu]					
ニョ [nyo]					

ヒャ [hya]					
ヒュ [hyu]					
ヒョ [hyo]					
ミャ [mya]					
ミュ [myu]					
ミョ [myo]					

| リャ [rya] | | | | | |

| リュ [ryu] | | | | | |

| リョ [ryo] | | | | | |

| ギャ [gya] | | | | | |

| ギュ [gyu] | | | | | |

| ギョ [gyo] | | | | | |

ジャ [ja]					
ジュ [ju]					
ジョ [jo]					
ビャ [bya]					
ビュ [byu]					
ビョ [byo]					

ピャ
[pya]

ピュ
[pyu]

ピョ
[pyo]

01 はじめまして。

✏️ 글자연습

01 다음 히라가나를 써 보세요.

① いぬ　　　　　　　　　　　② せみ

③ ふね　　　　　　　　　　　④ ゆめ

⑤ わに　　　　　　　　　　　⑥ ねこ

⑦ さる　　　　　　　　　　　⑧ むすこ

⑨ れんらく　　　　　　　　　⑩ でぐち

⑪ にっき　　　　　　　　　　⑫ ひゃく

문장 연습

01 다음 문장을 한국어로 해석해 보세요.

① いいえ、どういたしまして。 _____

② はじめまして、どうぞよろしくお願いします。
_____

③ さよ(う)なら。 _____

④ お元気ですか。 _____

02 다음 문장을 일본어로 만들어 보세요.

① 대단히 감사합니다. _____

② 예, 덕분에요. _____

③ 잘 다녀오세요. _____

④ 어서 돌아오세요. _____

듣기 연습 Track 01

01 다음을 문장을 듣고 받아 써 보세요.

① _____

② _____

③ _____

④ _____

02 私(わたし)は大学生(だいがくせい)です。

글자연습

01 다음 한자를 히라가나로 써 보세요.

① お仕事　　② 高校生　　③ 中国人

④ 医者　　⑤ 銀行員　　⑥ 彼女

02 다음 히라가나를 한자로 써 보세요.

① かいしゃいん　　② わたし　　③ にほんじん

④ せんせい　　⑤ かんこくじん　　⑥ だいがくせい

03 다음 카타카나를 히라가나로 써 보세요.

① アメリカ　　② イギリス　　③ デザイナー

04 다음 히라가나를 카타카나로 써 보세요.

① ろしあ　　② ふらんす　　③ どいつ

문장 연습

01 다음 문장을 한국어로 해석해 보세요.

① お仕事は何ですか。 _____

② 木村さんは医者ですか。 _____

③ 鈴木さんは高校生です。 _____

02 다음 문장을 일본어로 만들어 보세요.

① 나는 회사원입니다. _____

② 당신도 한국인입니까? _____

③ 아니오, 은행원이 아닙니다. _____

듣기 연습 Track 02

01 다음 단어를 듣고 받아 써 보세요.

① _____ ② _____ ③ _____

④ _____ ⑤ _____ ⑥ _____

02 다음을 문장을 듣고 받아 써 보세요.

① _____

② _____

③ _____

03 これは日本の パソコンです。

글자연습

01 다음 한자를 히라가나로 써 보세요.

① 時計   ② 財布   ③ 傘

④ 英語   ⑤ 辞書   ⑥ 雑誌

02 다음 히라가나를 한자로 써 보세요.

① だい がく   ② ほん   ③ しん ぶん

④ かん こく   ⑤ せん せい   ⑥ でん わ

03 다음 카타카나를 히라가나로 써 보세요.

① カメラ   ② ノート   ③ テレビ

04 다음 히라가나를 카타카나로 써 보세요.

① そうる   ② ぱそこん   ③ けーたい

문장 연습

01 다음 문장을 한국어로 해석해 보세요.

① これはえんぴつです。＿＿＿＿＿＿＿＿＿＿＿＿＿＿＿＿

② それは私のつくえです。＿＿＿＿＿＿＿＿＿＿＿＿＿＿

③ 私の傘じゃありません。＿＿＿＿＿＿＿＿＿＿＿＿＿＿

02 다음 문장을 일본어로 만들어 보세요.

① 저것은 시계입니다. ＿＿＿＿＿＿＿＿＿＿＿＿＿＿＿＿

② 이것은 전화가 아닙니다. ＿＿＿＿＿＿＿＿＿＿＿＿＿＿

③ 그것은 선생님의 것입니다. ＿＿＿＿＿＿＿＿＿＿＿＿＿

듣기 연습 Track 03

01 다음 단어를 듣고 받아 써 보세요.

①　　　　　　　　② 　　　　　　　　　③

④　　　　　　　　⑤ 　　　　　　　　　⑥

02 다음을 문장을 듣고 받아 써 보세요.

①

②

③

03 これは日本のパソコンです

04 図書館は何時から何時までですか。

 글자연습

01 다음 한자를 히라가나로 써 보세요.

① 図書館　　② 午後　　③ 昼休み

④ 授業　　⑤ 4時　　⑥ 40分

02 다음 히라가나를 한자로 써 보세요.

① はん　　② ごぜん　　③ なんぷん

④ とうきょう　　⑤ いま　　⑥ かいしゃ

03 다음 카타카나를 히라가나로 써 보세요.

① ポイント　　② ソウル　　③ ゼロ

04 다음 히라가나를 카타카나로 써 보세요.

① あるばいと　　② てすと　　③ でぱーと

문장 연습

01 다음 문장을 한국어로 해석해 보세요.

① 図書館は何時から何時までですか。 _____

② ここから図書館まで何分ですか。 _____

③ しちじじゅうごふんです。 _____

02 다음 문장을 일본어로 만들어 보세요.

① 지금 몇 시입니까? _____

② 동경에서 서울까지입니다. _____

③ 9시부터 6시까지입니다. _____

듣기 연습 Track 04

01 다음 단어를 듣고 받아 써 보세요.

① _____   ② _____   ③ _____

④ _____   ⑤ _____   ⑥ _____

02 다음을 문장을 듣고 받아 써 보세요.

① _____

② _____

③ _____

05 学校はうちから遠いですか。

글자연습

01 다음 한자를 히라가나로 써 보세요.

① 学　校　　② 漢　字　　③ 勉　強

④ 易　しい　　⑤ 暑　い　　⑥ 新　しい

⑦ 遠　い　　⑧ 難　しい　　⑨ 寒　い

02 다음 히라가나를 한자로 써 보세요.

① いそが　　　しい

② きょう

③ てん　き

④ たか　　　　い

⑤ おお　　　　きい

⑥ すく　　　　ない

⑦ し　ごと

⑧ やす　　　　い

⑨ ちか　　　　い

문장연습

01 다음 문장을 한국어로 해석해 보세요.

① 韓国人の友だちは多くありません。＿＿＿＿＿＿＿＿＿＿

② 今日は暑いですか。＿＿＿＿＿＿＿＿＿＿

③ 田中さんは仕事が多いです。＿＿＿＿＿＿＿＿＿＿

④ 日本語は難しいですが、おもしろいです。＿＿＿＿＿＿＿＿＿＿

02 다음 문장을 일본어로 만들어 보세요.

① 회사는 바쁩니다. ＿＿＿＿＿＿＿＿＿＿

② 오늘은 날씨가 좋지 않습니다. ＿＿＿＿＿＿＿＿＿＿

③ 초밥은 맛있지만, 비쌉니다. ＿＿＿＿＿＿＿＿＿＿

④ 학교는 집에서 멉니까? ＿＿＿＿＿＿＿＿＿＿

듣기 연습 Track 05

01 다음 단어를 듣고 받아 써 보세요.

①＿＿＿＿＿   ②＿＿＿＿＿   ③＿＿＿＿＿

④＿＿＿＿＿   ⑤＿＿＿＿＿   ⑥＿＿＿＿＿

02 다음을 문장을 듣고 받아 써 보세요.

①＿＿＿＿＿＿＿＿＿＿

②＿＿＿＿＿＿＿＿＿＿

③＿＿＿＿＿＿＿＿＿＿

この白いケータイは軽くていいですね。
글자연습

01 다음 한자를 히라가나로 써 보세요.

① 料理　　② 映画　　③ 狭い
④ 軽い　　⑤ 短い　　⑥ 怖い
⑦ 速い　　⑧ 辛い　　⑨ 黒い

02 다음 히라가나를 한자로 써 보세요.

① みせ　　② へや　　③ ひろい
④ あかるい　⑤ ながい　⑥ あかい

03 다음 히라가나를 카타카나로 써 보세요.

① てれび　　② けーき　　③ じゅーす

문장 연습

01 다음 문장을 한국어로 해석해 보세요.

① この白いケータイは鈴木さんのですか。 _____

② 私のケータイは新しいですが、重いです。
_____

③ あの店は狭くてうるさいです。 _____

④ 背が高い人です。 _____

02 다음 문장을 일본어로 만들어 보세요.

① 매운 요리입니다. _____

② 넓고 밝은 방입니다. _____

③ 저 가게는 어떻습니까? _____

④ 어떤 영화입니까? _____

듣기 연습 Track 06

01 다음 단어를 듣고 받아 써 보세요.

① _____   ② _____   ③ _____

④ _____   ⑤ _____   ⑥ _____

02 다음을 문장을 듣고 받아 써 보세요.

① _____

② _____

③ _____

07 カラオケが好きですか。

✏️ 글자연습

01 다음 한자를 히라가나로 써 보세요.

① 嫌 いだ　　② 下 手 だ　　③ 静 かだ

④ 親　切　だ　　⑤ 真 面 目 だ　　⑥ 簡　単　だ

⑦ 暇　だ　　⑧ 立　派 だ　　⑨ 大　変　だ

02 다음 히라가나를 한자로 써 보세요.

① うた　　　　　② す　　　　　　③ じょう ず
　　　　　　　　　　きだ　　　　　　　　だ

④ べん り　　　⑤ げん き　　　⑥ ゆう めい
　　　だ　　　　　　　だ　　　　　　　　だ

03 다음 히라가나를 카타카나로 써 보세요.

① からおけ　　　② ぴあの　　　③ すぽーつ

문장연습

01 다음 문장을 한국어로 해석해 보세요.

① 東京は賑やかですか。 _____

② 私は怖い映画が嫌いです。 _____

③ 今日はあまり暇じゃありません。 _____

④ この車はとても丈夫です。 _____

02 다음 문장을 일본어로 만들어 보세요.

① 나는 영어를 잘 못합니다. _____

② 그 가게는 깨끗합니까? _____

③ 저 회사는 매우 유명합니다. _____

④ 노래는 별로 잘하지 않습니다. _____

듣기 연습 Track 07

01 다음 단어를 듣고 받아 써 보세요.

① _____ ② _____ ③ _____

④ _____ ⑤ _____ ⑥ _____

02 다음을 문장을 듣고 받아 써 보세요.

① _____

② _____

③ _____

08 きれいなレストランですね。

글자연습

01 다음 한자를 히라가나로 써 보세요.

① 新　鮮　だ　　② 公　　園　　③ 部　屋

④ 賑　やかだ　　⑤ 有　　名　だ　　⑥ 人

⑦ 上　手　だ　　⑧ 丈　　夫　だ　　⑨ 不　便　だ

02 다음 히라가나를 한자로 써 보세요.

① た　もの　　　② くるま　　　③ たい へん
　　□ べ □　　　　□　　　　　□ □ だ

④ べん り　　　⑤ ち か てつ　　⑥ へ た
　　□ □ だ　　　□ □ □　　　　□ □ だ

⑦ ひま　　　　⑧ しん せつ　　⑨ はや
　　□ だ　　　　□ □ だ　　　　□ い

문장연습

01 다음 문장을 한국어로 해석해 보세요.

① 有名なデパートだから、人が多いです。
　_____

② このさしみは新鮮で、おいしいです。
　_____

③ 彼女は静かな人です。　_____

④ どうしてですか。　_____

02 다음 문장을 일본어로 만들어 보세요.

① 일본어는 재미있고 간단하기 때문에 좋아합니다.
　_____

② 좋아하는 음식은 무엇입니까? _____

③ 야마다씨는 성실하고 친절합니다. _____

④ 그는 스포츠를 좋아하는 사람입니다. _____

듣기연습　Track 08

01 다음 단어를 듣고 받아 써 보세요.

① _____　② _____　③ _____

④ _____　⑤ _____　⑥ _____

02 다음을 문장을 듣고 받아 써 보세요.

① _____

② _____

③ _____

東京とソウルとどちらが寒いですか。

글자연습

01 다음 한자를 히라가나로 써 보세요.

① 季節　　　② 野球　　　③ 水泳

④ 山登り　　⑤ 夏　　　　⑥ 秋

02 다음 히라가나를 한자로 써 보세요.

① くだもの　　② いちばん　　③ いぬ

④ はる　　　　⑤ ふゆ　　　　⑥ さけ
　　　　　　　　　　　　　　　　お

03 다음 카타카나를 히라가나로 써 보세요.

① ハンサムだ　　② タクシー　　③ ビール

04 다음 히라가나를 카타카나로 써 보세요.

① ごるふ　　② さっかー　　③ れすとらん

문장 연습

01 다음 문장을 한국어로 해석해 보세요.

① 乗り物の中で何が一番速いですか。

② 水泳が好きだから、夏が一番好きです。

③ 犬と猫とどちらがかわいいですか。

④ ビールより焼酎の方がおいしいです。

02 다음 문장을 일본어로 만들어 보세요.

① 친구들 중에서 누가 가장 성실합니까?

② 여름과 겨울과 어느 쪽을 좋아합니까?

③ 한자보다 카타카나쪽이 간단합니다.

④ 귤이 가장 맛있습니다.

듣기 연습 Track 09

01 다음 단어를 듣고 받아 써 보세요.

①　　　　　②　　　　　③

④　　　　　⑤　　　　　⑥

02 다음을 문장을 듣고 받아 써 보세요.

①

②

③

10 このかばんはいくらですか。

✏️ 글자연습

01 다음 한자를 히라가나로 써 보세요.

① 店　員　　② 客　　③ お　願　いします

④ 枚　　⑤ 冊　　⑥ 階

02 다음 히라가나를 한자로 써 보세요.

① あか　　② すこ　　③ ぜん　ぶ
　　い　　　　し

03 다음 카타카나를 히라가나로 써 보세요.

① コーラ　　② アイスティー　　③ ボールペン

04 다음 히라가나를 카타카나로 써 보세요.

① ほっとこーひー　　② はんばーがー

③ らーめん　　④ さらだ

⑤ どーなつ　　⑥ けーき

문장연습

01 다음 문장을 한국어로 해석해 보세요.

① あれはこのカメラより安くて、いいですよ。

② りんごよっつとすいかふたつください。

③ このめがねはろくせんはっぴゃくえんです。

02 다음 문장을 일본어로 만들어 보세요. (숫자는 히라가나로 쓰세요.)

① 그 빨간 가방은 얼마입니까?

② 우동과 삼각 김밥 2개씩 주세요.

③ 전부해서 3600엔입니다.

듣기 연습 Track 10

01 다음 단어를 듣고 받아 써 보세요.

① ② ③
④ ⑤ ⑥

02 다음을 문장을 듣고 받아 써 보세요.

①

②

③

 # この近くに銀行がありますか。

글자연습

01. 다음 한자를 히라가나로 써 보세요.

① 本棚　　② 隣　　③ 猫

④ 右　　⑤ 机　　⑥ 外

02. 다음 히라가나를 한자로 써 보세요.

① ほんや　　② えき　　③ あいだ

④ ひだり　　⑤ はな　　⑥ まえ

⑦ うえ　　⑧ した　　⑨ うし　ろ

03. 다음 히라가나를 카타카나로 써 보세요.

① といれ　　② こんびに　　③ べっど

문장연습

01 다음 문장을 한국어로 해석해 보세요.

① 本棚は机とテレビの間にあります。 _____

② 今日はテストがありません。 _____

③ 私の後ろに木村さんがいます。 _____

02 다음 문장을 일본어로 만들어 보세요.

① 자동차는 가게 앞에 있습니다. _____

② 의자 위에 고양이가 있습니다. _____

③ 꽃집은 어디입니까? _____

듣기연습 Track 11

01 다음 단어를 듣고 받아 써 보세요.

① _____ ② _____ ③ _____
④ _____ ⑤ _____ ⑥ _____

02 다음을 문장을 듣고 받아 써 보세요.

① _____
② _____
③ _____

山田さんは何人家族ですか。
(やまだ / なんにんかぞく)

글자연습

01 다음 한자를 히라가나로 써 보세요.

① 兄　弟　　　② お 兄 さん　　　③ お 姉 さん

④ 優　しい　　⑤ 20歳　　　　　⑥ 祖 母

⑦ 1人　　　　⑧ 2人　　　　　　⑨ 4　人

02 다음 히라가나를 한자로 써 보세요.

① か　ぞく　　② ちち　　　③ はは

④ あに　　　　⑤ あね　　　⑥ おとうと

⑦ いもうと　　⑧ かた　　　⑨ そ　ふ

문장연습

01 다음 문장을 한국어로 해석해 보세요.

① 弟さんはどんな方ですか。 _____

② 主人と息子と娘がいます。 _____

③ 山田さんは何人家族ですか。 _____

02 다음 문장을 일본어로 만들어 보세요.

① 어머니는 상냥하고, 요리를 잘 하는 사람입니다.
_____

② 아버지는 몇살입니까? _____

③ 아버지와 엄마와 언니(누나)가 있습니다. _____

듣기연습 Track 12

01 다음 단어를 듣고 받아 써 보세요.

① _____   ② _____   ③ _____
④ _____   ⑤ _____   ⑥ _____

02 다음을 문장을 듣고 받아 써 보세요.

① _____

② _____

③ _____

일본어 글씨본 ⊕ 워크북

**글자 연습, 문장 연습, 듣기 연습을 통해
매일매일 일본어를 정복하자!!**

이름